家园共育
为孩子的健康成长保驾护航

汤美好◎主编

现代教育出版社
Modern Education Press

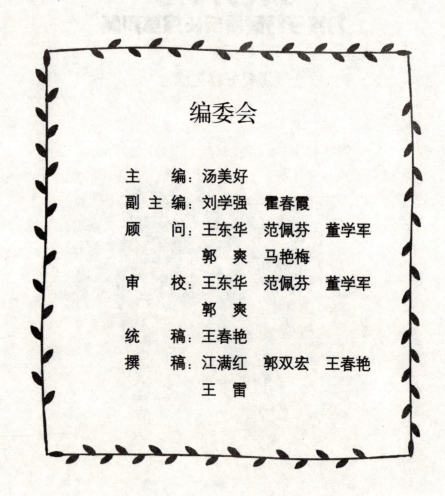

编委会

主　　编：汤美好
副 主 编：刘学强　霍春霞
顾　　问：王东华　范佩芬　董学军
　　　　　郭　爽　马艳梅
审　　校：王东华　范佩芬　董学军
　　　　　郭　爽
统　　稿：王春艳
撰　　稿：江满红　郭双宏　王春艳
　　　　　王　雷

前 言

汤美好

广州美好教育机构创始人

高级礼仪培训师

中国教育学会家庭教育指导师

记得小时候，我非常崇拜我的老师，因为她兢兢业业、诚诚恳恳，用无私的爱心和智慧培育每一位学生。老师的言行深深地影响着我，我立志长大后要成为一名教师，为人师表。毕业后，凭着那份对梦想的执着，热爱孩子的我选择了从事幼儿教育工作，直到今天。20年来，当孩子们亲切地叫我一声"园长妈妈"的时候，当看到家长信任地把孩子交给我们的时候，当看到孩子们在老师的辛勤培育下，健康快乐地成长的时候，我是多么的欣慰和自豪。我感到那么的快乐，那么的温暖，我觉得我是全天下最幸福的人。这份工作已成为我无法割舍的情怀，只要一天没听到孩子们甜甜的声音，没看到他们可爱的身影，就会非常想念他们，孩子们天真可爱的笑脸已经深深地刻印到我的脑海里，融入到我的生命中，我热爱幼教事业，更爱我的孩子们。席慕容曾说："孩子的心是世界上最可爱的东西。孩子们还小，你怎么给，他们就怎么受。只要我们给得温柔、给得自然，他们一定受得愉快。"其实在幼儿教育过程中，孩子给我带来的快乐远远比我施与他们的多。

一直以来，我都有一个心愿，特别想把多年的幼儿教育经验及心得体会通过合适的载体分享给大家，让更多人懂得幼儿教育，让更多家庭受益，让更多孩子能在科学合理的教育中健康快乐成长。这次终于有了这样的机会，这本《家园共育：为孩子的健康成长保驾护航》书籍得以与广大幼儿家长和幼儿教师见面，实现了我多年的心愿。

孩子是祖国的花朵、民族的希望、家庭的未来。促进幼儿安全健康成长，既是幼儿园的第一责任，更是每个家庭的最大期望。作为幼儿的主要教育者，家长与幼儿教师首先要明确幼儿教育的基本任务。

在幼儿阶段，应该培养孩子各方面能力，使其达到入学成熟水平，为未来的生活做好充分准备，而不是只为小学做准备。因此，幼儿教育的基本任务是：保育和教育相结合，促进孩子感官和运动能力的发展，形成和发展孩子的语言，使孩子养成良好的生活习惯，培养孩子的学习兴趣，让孩子了解社会基本规则，促进孩子身心健康发展。家长与幼儿教师应该紧紧围绕着这些基本任务，采取科学有效的教育方式，对孩子进行引导教育。

在编写本书时，我们本着理论性与实操性兼顾的宗旨，明确了家园共育的基本任务和目标，并通过一个个真实的案例及多年累积的教育经验，提供了家园共育的实施建议及具体方法，解答了家长与幼儿教师在教育过程中存在的困惑。

相信这本书的出版能为很多人带来福音，使幼儿教师学习到幼儿教育的新理念与新方法；使家长认识到家园共育的重要性，提高幼儿教育成效；使家园共育能够在每个幼儿园都顺利实施，确保每个孩子都能安全、健康、快乐地成长。

2018年·11月·18日

序 言 一

王东华

华东交通大学母亲教育研究所所长

作为一所从事母亲教育研究与普及的教育机构，我们一直主张——幼儿的教育不能仅仅依靠幼儿园完成，还需要家庭的大力配合，尤其需要父母的大力配合。

在这一点上，汤美好园长的幼儿教育理念正与我们一致。近20年来，她一直奔赴于幼教一线，倾心研究幼儿教育，尤其是在幼儿礼仪教育及家园共育方面颇有建树。她在广东投资创办的美好教育机构，成为在该省乃至全国颇有影响的幼儿机构。

著名儿童教育家陈鹤琴先生曾说："幼稚教育是一件很复杂的事情，不是家庭一方面可以单独胜任的，也不是幼稚园一方面能单独胜任的，必定要两方面共同合作方能得到充分的功效。"陈鹤琴先生所提倡的"两方面共同合作"，即家园共育，就是在幼儿园和家庭之间、在教师和家长之间形成合力，以圆满完成对幼儿人格、知识的教育。

幼儿阶段既是人生的奠基阶段，也是一个人生长发育的黄金阶段。在这个阶段，儿童的心理非常敏感，既是知识启蒙的重要阶段，更是性格塑造与习惯培养的关键阶段。在此阶段，需要家庭成员以及幼儿教师对孩子给予共同关注。

那么，如何给予幼儿共同的关注呢？

首先，家庭是孩子出生后所接触的第一个生活环境，家长是孩子最初也是最重要的启蒙老师，在孩子的成长过程中起着主导作用，家庭教育是孩子接受教育的开端。所以，只要家长注重家庭教育的理念，家庭教育方法得当，孩子就能培养得很优秀。

其次，幼儿园是孩子受教育与成长的重要场所，严格遵守《3－6岁儿童学习与发展指南》，教育理念、教学内容、教育方法等都有严格的国家统一标准和执行要求。因此，幼儿园教育有着比家庭教育更科学、更系统的优势。

幼儿的身心健康、全面发展，需要幼儿教师和家长相互协调，紧密配合。正如苏联著名教育家苏霍姆林斯基所说："儿童只有在这样的条件下才能实现和谐的全面发展，就是两个教育者——学校和家庭，不仅要一致行动，要向儿童提出同样的要求，而且要志同道合，抱着一致的信念，始终从同样的原则出发，无论是在教育目的上，还是在过程和手段上，都不要发生分歧。"苏霍姆林斯基虽然强调的是学校和家庭两个教育者，但这一理论同样适用于幼儿园与家庭。

事实上，就当前而言，由于各个家庭的背景及文化差异，幼儿教师的沟通能力参差不齐，与家长的沟通技巧和方式不当，因而家园共育的现状并不乐观，大致可分为以下几种：

1. 部分家长不配合园内活动。部分家长把孩子送进幼儿园后，就把教育的责任完全推给了教师，自己只负责孩子的经济与物质方面的供给，认为怎么教是教师的事。

2. 家长与教师在教育问题上存在分歧。有的家长只重视孩子眼前智力的培养与发展，而忽略了培养孩子学会生存、学会做人、学会合作、学会交往等各方面能力的发展。

3. 很多家长只重视孩子特长教育的培养，忽视了孩子身心的全面发展。不少家长认为，素质教育就是特长教育，就是通过一些社会上开办的培训中心、活动中心对孩子进行琴棋书画等方面的专门训练，使孩子掌握一技之长。于是不管孩子是不是感兴趣，盲目地带孩子参加各种兴趣班，使得孩子身心疲惫，丧失了学习兴趣。

4. 幼儿教师不知如何与家长进行有效沟通。幼儿教师只是一味地要求家长配合幼儿园的工作，却很少考虑家长的意见，使家长处于服从的位置，导致教师的建议难以被家长真正接受，更别说内化为教育孩子的能力了，这严重影响了家长参与合作的主动性和积极性。

汤美好园长主编的这本《家园共育：为孩子的健康成长保驾护航》，可以及时解决这些棘手问题，使家园共育工作得以有序、良好地进行，使孩子的身心得到健康、全面的发展。

本书内容是在教育部颁布的《3－6岁儿童学习与发展指南》指导下编

写的，紧紧围绕健康、语言、社会、科学、艺术等五个领域谋篇布局，诠释了家园共育的基本理论和实践操作要领，明确了家园共育的目标和内容，探索了家园共育的教育途径与方法。本书通过一个个真实鲜活的案例及来自一线的经验，提出了相应的家园共育实施建议，解决了幼儿教师及家长在教育中存在的困惑，为幼儿教师及家长提供了具体的指导方法，力争做到理论性与实践性的结合、指导性与实用性的结合……

本书能及时帮助广大幼儿园一线教师掌握新形势下的幼儿教育方法，构建新型的家园关系，充分融合家园教育资源，为促进家园共育活动的有效开展提供了支持与帮助。书中阐述的家庭教育原理与方法，以及幼儿教师与家长相互之间的沟通策略，有助于幼儿家长提高家庭教育成效，形成融洽的亲子关系，以便更好地配合幼儿园教育，促进孩子健康成长。

本书通俗易懂，有很高的专业水准，内容全面，案例丰富。它既可为幼儿园广大教师答疑解惑，又可作为新手教师专业成长的入门课本，指导教师如何开展家园共育，以实施有效的幼儿教育；还可以作为家长学习幼儿园教育和家庭教育的实用教材，引领他们带着一颗热忱的心真正走进幼儿园，近距离与教师有效沟通、与幼儿亲密互动。

家园携手，家园共育，共同见证孩子的每一步成长。

序 言 二

范佩芬

中国蒙台梭利专家协会副会长

幼儿的学习与发展是幼儿园和家庭共同关注的话题，作为幼儿教师和家长，该怎么理解幼儿的学习与发展呢？《3－6岁儿童学习与发展指南》颁布后，幼儿教师该如何进行教育教学呢？家长又该如何与幼儿园保持一致才能达到家园共育呢？

第一，幼儿的学习和发展有自己独特的方式。幼儿的学习，就是幼儿通过自己特有的方式与周围环境互动的过程，是幼儿主动探索周围的社会环境、自然环境和物质世界的过程。《3－6岁儿童学习与发展指南》明确指出："幼儿的学习是以直接经验为基础，在游戏和日常生活中进行的。"幼儿不是通过书本、通过记忆大量抽象的符号来学习，而是通过实际操作、亲身体验，去模仿、感知、探究，"做中学""玩中学""生活中学"，不断积累经验，逐步建构自己的理解与认识。幼儿只有这样学习，才能学得有趣，学得有效，学得有用。

第二，尊重幼儿发展的个体差异，切忌用一把"尺子"衡量所有的幼儿。每个幼儿在沿着相似进程发展的过程中，各自的发展速度和到达某一水平的时间不完全相同。要充分理解和尊重幼儿发展进程中的个体差异，支持和引导他们从原有水平向更高水平发展，按照自身的速度和方式到达《3－6岁儿童学习与发展指南》所呈现的发展"阶梯"，切忌用一把"尺子"衡量所有幼儿。每一个幼儿成才的途径和方式各有不同，没有放之四海而皆准的方式方法，适合的就是最好的教育。

第三，遵循幼儿身心发展的规律，回归幼儿教育的本质。游戏是幼儿最自然的学习方式，游戏是幼儿最重要的成长途径。在幼儿教育过程中要重视游戏的价值。

第四，我们和孩子相伴的过程就是教育的过程，要学会读懂孩子。家长、教师要做孩子的相伴者、协助者、引导者，了解孩子的生长发育特点，与孩子共同成长。

幼儿教育是基础教育的有机组成部分，是学校教育制度和终身教育的奠基阶段。幼儿园是幼儿生活和学习的重要场所，应与家庭、社会密切配合，共同为幼儿创造一个良好的成长环境。幼儿园教育应为每一个幼儿的近期和终身发展奠定良好的素质基础；应丰富幼儿的生活，满足他们身心发展的需要，帮助他们度过快乐而有意义的童年；应充分尊重幼儿作为学习主体的经验和体验，尊重他们身心发展的规律和学习特点，以游戏为基本活动，引导他们在与环境的积极相互作用中得到发展。

作为幼儿园教育的教育者，幼儿教师要紧紧围绕《3－6岁儿童学习与发展指南》中所规定的健康、科学、社会、语言、艺术这五大领域全面发展幼儿的能力：增强幼儿的体质，培养健康生活的态度和行为习惯；激发幼儿的好奇心和探究欲望，发展认识能力；增强幼儿自信，培养幼儿乐群、友好的态度和行为；提高幼儿运用语言交往的积极性，发展语言能力；丰富幼儿的情感，培养初步的感受美、表现美的情趣和能力。

家长是幼儿教师的重要合作伙伴，因此，幼儿教师应本着尊重、平等、互惠的原则，吸引家长主动参与幼儿园的教育工作；向家长介绍幼儿园的保育教育工作，争取家长的理解和支持；了解幼儿的特点和家庭的需要，有针对性地开展教育工作；达到家园共育，使幼儿在园获得的学习经验能够在家庭中得到延续、巩固、发展。

家庭教育最怕出现两种极端：一种是完全撒手不管；另一种是按照自己心中的花去助长，而非花的本来模样和需求。只有默默耕耘，才有静待花开的机会。我们要给孩子提供足够肥沃的土地，静心观察花的种类，以此选择耕耘方式，再适度引导。

家长要放下成才焦虑。孩子的成长是一个漫长的过程，衡量孩子一生的发展不是一次成功或者一时成就。教育的本质是让孩子找到自己想努力的方向，是让孩子成为他自己想要成为的人，而不是成为家长设定的某种人。

家长要信任幼儿园。既然选择了一所幼儿园，家长就要相信这所幼儿园的专业性与正规化，一定会让孩子受到良好的教育，得到关爱，收获快乐，不要过多地怀疑幼儿园和幼儿教师。对于幼儿教师提出的教育要求，家长要积极配合。

除了信任幼儿园，更重要的是，家长要学会信任孩子，要相信孩子是有能力适应幼儿园生活的。3 岁是孩子可以脱离家长独立生活的标志。有些孩子可能最初有些不习惯集体生活，请给孩子一些适应时间，多数孩子都能很好地适应幼儿园，家长不需要过度焦虑。此外，家长每天要用快乐积极的情绪面对孩子，给孩子一种正向的积极引导，这样孩子才会成长为积极乐观的人。

由汤园长主编的这本《家园共育：为孩子的健康成长保驾护航》，语言通俗易懂，案例真实有趣，从幼儿园、家庭两方面解读了幼儿教师、家长在幼儿教育过程中所起的作用，较为详尽地展示了幼儿教师、家长在育儿过程中所采用的教育方式，为家长及幼儿教师提供了家园共育的帮助与参考。受编者之邀，为本书作序。相信此书的出版，必将使幼儿园教育与家庭教育相互融合，促进家园教育积极、健康、有序地开展，有益于幼儿健康快乐地成长。

2018.23/元

序 言 三

董学军

学前教育专业委员会专家

　　幼儿教育的成功关系到孩子未来的成功。随着整个社会对幼儿教育的逐步重视与关注，"家园共育"的话题亦被提之。

　　说到家园共育，我们首先要明确一个概念：什么是幼儿教育？或许有人会说，幼儿教育不就是幼儿园教育吗？究竟对与否？在此，我们确切地阐明：幼儿教育≠幼儿园教育。幼儿教育包括：幼儿园教育、家庭教育、社会教育。三者之间互相渗透、互相联系、互相制约。

　　因此，幼儿教育不仅仅是幼儿园单方面的事情，而需要家庭与幼儿园共同承担。正如《幼儿园教育指导纲要》指出：家庭是幼儿园重要的合作伙伴。幼儿教师应本着尊重、平等、合作的原则，争取家长的理解、支持和主动参与，并积极支持、帮助家长提高教育能力，即家庭与幼儿园共同完成孩子的教育——家园共育。只有家庭和幼儿园二者相互协调、紧密配合，保持一致的教育目标和要求，才能为孩子的未来搭建一座彩虹之桥。

　　《家园共育：为孩子的健康成长保驾护航》一书的内容，恰是桥之功。通览全书，十个章节从理论与实操的不同侧面、不同角度，用一个个现实的案例将家庭和幼儿园各自有着怎样的重要性娓娓道来。具体讲授了家长与幼儿园之间是一个不可分割的整体，生动形象地讲述了幼儿园和家庭之间、教师和家长之间如何形成合力，才能获得理想的效果，使家长与幼儿教师从中得到启迪。

　　爱是构建社会文明的支柱，同样，孩子更需要我们用心去爱他们，孩子的健康成长离不开身边每一位亲人的关爱。

　　本书用通俗易懂的教育理念告诉家长，一个充分受到成人有理智的爱的孩子，总是充满自信、朝气蓬勃、积极向上的；反之，被成人厌弃的孩子常常自暴自弃，形成自卑、逆反的心理。书中用感人的案例启迪家长平常应该通过什么样的方式向孩子们表示爱意，让家长学习一些向幼儿表露爱的技巧，如一个拥抱、一个鼓励的眼神、一句赞扬的话，不仅能让孩子开心一天，甚至能让孩子受益终身；以反面的案例让家长知道什么是不理智的溺爱，以及该如何纠正。

我们从书中还看到，随着社会的进步，网络技术的普及，幼儿园与家庭之间沟通的渠道不再局限于家访、家园联系本、家长会、家长委员会和教学开放日等形式上了，E－mail、网上家访、QQ、微信沟通等成为家园沟通的新载体，成为当今家园共育工作的主流，大数据、云计算的运用更为家园共育插上科学的翅膀。

《幼儿园教育指导纲要》明确指出："幼儿园应与家庭、社区密切合作，与小学衔接，综合利用各种教育资源，共同为幼儿的发展创造良好的条件。"本书还用现实生活中常见的例子，介绍了什么是科学的幼小衔接以及具体应该怎么做。

总之，家长和教师的目标是一致的：一切为了孩子的身心和谐发展，这也是本书的价值所在。

董学芳

2018. 1. 8

目 录

第一章 孩子成长的新天地——幼儿园 // 1

 第一节 孩子入园，你准备好了吗 // 2
 第二节 让孩子学会适应幼儿园新生活 // 5
 第三节 关注孩子的内心世界 // 8

第二章 孩子入园后应该营造的家庭环境 //13

 第一节 创设良好的生活环境 //14
 第二节 大力构筑健康环境 //17
 第三节 主动调节心理环境 //25

**第三章 幼儿期是培养孩子良好习惯的
   最佳时期** //33

 第一节 培养孩子健康的生活习惯 //34
 第二节 培养孩子良好的行为习惯 //40
 第三节 培养孩子良好的卫生习惯 //42
 第四节 教育孩子讲文明、懂礼貌 //45
 第五节 幼儿礼仪早知道 //51

第四章 幼儿期是培养孩子良好性格的 关键时期 //61

第一节 您的孩子真正快乐吗 //62
第二节 会分享的孩子更快乐 //65
第三节 独立的孩子更能干 //69
第四节 培养孩子诚实守信的品质 //73
第五节 学会相处就学会了合作 //79

第五章 幼儿期要培养孩子的综合素养 //83

第一节 教孩子学会表达 //84
第二节 孩子的创新精神被抹杀了吗 //94
第三节 专注的孩子更容易成功 //100

第六章 幼儿期要用心加强孩子的安全 教育 //105

第一节 交通安全常识牢记于心 //106
第二节 孩子独处时，您放心吗 //108
第三节 对不法分子提高警惕 //111
第四节 孩子必须学会的安全自护教育 //114
第五节 哪些事情绝对不能做 //116
第六节 你的私处别人不能碰 //122

第七章 幼儿期如何最大限度地开发孩子 的潜能 //125

第一节 孩子的潜能开发有方法 //126
第二节 潜能开发要循序渐进 //135

第八章　入园后如何科学引导孩子学习 //139

第一节　学习兴趣是学习动机的源泉 //140

第二节　玩中学习更轻松 //143

第三节　不要抹杀孩子的好奇心和求知欲 //147

第四节　您在教育误区里迷失了多久 //151

第九章　家园合作，其力断金 //155

第一节　家园沟通融洽，事半功倍 //156

第二节　理解并尊重幼儿教师 //160

第三节　与不同类型的家长进行沟通的策略 //161

第四节　家园共育的经验分享 //167

第十章　幼小衔接，你准备好了吗 //175

第一节　幼小衔接，我们轻松面对 //176

第二节　孩子入学前，我们必须做好这些事 //178

第一章

孩子成长的新天地 —— 幼儿园

　　幼儿园，温暖的集体，幸福的家园。在这里，孩子们愉快地生活、健康地成长，他们将很快适应新的生活，养成各种良好的行为习惯，学到丰富的知识，为自己的人生奠定坚实的基础。

第一节　孩子入园，你准备好了吗

家长朋友，孩子从呱呱坠地到现在，在我们身边已经度过了3个春秋，一转眼，孩子该上幼儿园了，这意味着孩子即将进入一个全新的成长期。这是我们期待的，也是我们欣慰的。之前的3年，孩子天天围绕在我们身边，朝夕相处，给我们带来很多快乐，也有些烦恼。眼看着这些烦恼就要结束，把孩子送进幼儿园就可以轻松一下了，好多家长都迫不及待了吧？

可是，许多孩子是第一次离开妈妈温暖的怀抱，离开熟悉的家，进入幼儿园这样一个陌生的环境，面对着陌生的教师和小朋友，一时适应不了，一进幼儿园就哇哇大哭，这样的情况让家长措手不及。为此，家长应该如何帮助孩子做好入园的准备工作呢？

先入为主诱导法

当家长决定把孩子送入某一所幼儿园之后，要提前带孩子去这所幼儿园附近玩玩，观察幼儿园里的小朋友生活的情况：教师怎样和小朋友交流；教师怎样带小朋友快乐地做游戏；教师怎样给小朋友上课……此外，家长还要带孩子参观幼儿园里大型的玩具：颜色鲜艳的滑梯、跷跷板、秋千等。在引导孩子观察时，家长要耐心细致地讲给孩子听：

"宝宝，你看，幼儿园的老师多好啊！像妈妈一样，对小朋友可疼爱了。"

"宝宝，你看，这些小朋友进了幼儿园后都成了好朋友，大家一起吃饭，一起睡觉，一起上课、画画、唱歌、跳舞、做游戏，多开心啊！"

"宝宝，你看，幼儿园里的玩具多好玩呀！有滑梯、秋千、跷跷板，小朋友们玩得多开心呀！宝宝，你也去和他们一起玩一玩吧。"

孩子都喜欢和同龄的小朋友一起玩，这是孩子的共性。家长经常带孩子到幼儿园外观察，并用这些带有鼓励性的语言引导，让孩子对幼儿园的生活渐渐熟悉，并产生浓厚的兴趣。渐渐地，孩子的内心就会产生一种欲望——我也想上幼儿园！

幼儿教师见到来园参观的家长和孩子时，一定要热情接待，亲切和蔼地和孩子打招呼，让孩子对幼儿园产生好感，对幼儿教师产生亲切感，从心底真正喜欢幼儿园。

当孩子对这些情况都熟悉了之后，再调整一下时间，观察幼儿园里的小朋友早上进园时怎样和家长告别，怎样和教师互相问候；放学时，再观察他们是怎样和教师说"再见"的。家长在引导孩子观察时，要告诉孩子："这些小朋友真有礼貌！"这样做孩子就会慢慢明白，进入幼儿园以后自己应该怎样做。

孩子的模仿力很强，当家长有意识地教孩子应该怎样做的时候，孩子心中就有了一个标准：哦，原来这样做是对的！于是，他们就会按照正确的方法去做。

汇报总结巩固法

当家长白天带孩子去幼儿园周围观察，发现孩子对幼儿园产生了浓厚的兴趣以后，晚上，可以引导孩子向家里的其他成员——爷爷、奶奶或爸爸、妈妈描述白天的见闻，让孩子自己讲，家长只是引导：

"宝宝，今天我们去哪里玩了？跟爸爸说说——"

然后让孩子自己说。如果他能够自己滔滔不绝地说，不要打断他，让他说个够。在孩子说不下去时，家长再来引导他：

"宝宝，你看到那些小朋友在幼儿园里干什么呀？他们开心吗？"

"宝宝，幼儿园里的老师好吗？你喜欢幼儿园的老师吗？"

"宝宝，我们看到幼儿园里的那些小朋友，每天去幼儿园时都开开心心的，对吧？他们和爸爸妈妈分别时都很高兴地说再见，不哭也不闹，他们都是懂事的好孩子。你也是懂事的好孩子，你以后也会这样做，对不对？"

"宝宝，今天我们看见许多小朋友在幼儿园得了小贴画，对吧？那是老师奖给他们的。以后你上了幼儿园，只要表现好，你也能得到很多小贴画，想不想？"

设计类似这样的谈话，目的是让孩子对幼儿园产生浓厚的兴趣，消除畏惧心理。

电视节目观摩法

幼儿时期的孩子，对于和自己年龄相仿的小朋友的生活及活动很感兴趣，所以，这个时期，电视节目里播放的少儿节目最容易吸引他们的注意力。因此，家长应该每天抽出一定的时间，有意识地和孩子一起看电视①，特别是有关幼儿园生活的节目，一边看一边给孩子讲解，告诉孩子这就是幼儿园生活："宝宝，你马上也要进入幼儿园了，也会和许多小朋友在一起玩耍，真好！"让孩子提前感受幼儿园是一个快乐的大家园，消除对陌生环境、陌生人群、陌生生活的顾虑。

生活用品配备法

当孩子对于即将入园这件事有了一定的思想准备后，家长可以有意识地带孩子去商场选购入园需要的生活用品了。

家长带孩子去选购生活用品时，引导孩子自己选购："哇，这么好看的书包！这都是幼儿园小朋友用的呢！真漂亮！宝宝，你喜欢哪一款？自己选。"把主动权交给孩子。孩子选好以后，不管你喜欢不喜欢，一定要肯定孩子："宝宝，你真有眼光，这个书包非常适合你。现在我们去选其他物品吧！"

就这样，带着孩子，耐心地让孩子自己选购其他生活用品，不断地肯定，给孩子足够的信心。

情景模拟上幼儿园

孩子选好各种生活用品之后，家长就让孩子自己背着书包，书包里装好各种用品，从商场回家。家长可以模拟上幼儿园的情景："我们家的宝宝上幼儿园喽！""我们家的宝宝从幼儿园回家喽！"让孩子提前体验上幼儿园的快乐。可以将上幼儿园当成游戏来玩一玩。每天可以抽出一定的时间，让孩子背背小书包模拟上幼儿园，试着跟父母说再见。父母可以扮演幼儿园教师，引导孩子做游戏，甚至还可以学着幼儿园教师，引导孩子活动，比如指导孩

---

①家长需特别注意，孩子看电视要注意引导，合理控制看电视时间，千万不能让孩子对电视产生依赖心理。

子做他最喜欢做的事，玩玩具、画画等。在模拟上幼儿园过程中，家长要给予孩子鼓励和支持，走进孩子的内心小世界，他们心中的世界和大人是不一样的，家长要尊重他们，保护他们的想象力和创造力，让他们体会到幼儿园生活的快乐，从而激发孩子上幼儿园的兴趣。

如果家长能够做到以上几点，多数孩子都能顺利度过入园初期的各种不适应。各位家长，行动起来吧！

第二节　让孩子学会适应幼儿园新生活

进入幼儿园以后，有些孩子因为家长入园前的准备工作做得充分，很快就能适应新的生活。对于这样的孩子，家长应该多表扬、多鼓励，让孩子体验到成功的喜悦，拥有成就感，让孩子更加充满信心。

但有些孩子因为入园前家长没有做好准备工作，一时难以适应幼儿园的新生活。家长应该多用心帮助孩子尽快适应。

入园时轻松告别

当家长把孩子送进幼儿园，交给教师时，要轻松地和孩子说："再见！"这时如果孩子能够快快乐乐地和教师打招呼，和家长说"再见"，这是属于适应能力强的，家长不用担心。

有些孩子，虽然嘴上也在说"老师好"，和家长说"再见"，但是心里很不情愿。这时家长一定要果断离开。看着孩子哀求的眼神，家长一定不要心软，不要脆弱地流眼泪，而要鼓励孩子。家长要相信，教师会给孩子无微不至的关心和照顾。

还有一些孩子，一到幼儿园门口，看见幼儿教师，感觉要和家长分别了，就大哭大闹，吵着要回家，不上幼儿园。对于这样的孩子，家长不能着急，要帮助孩子尽快适应新生活。所以，这时候家长更要有耐心，给孩子讲道理，例如：

"宝宝，你看，这些小朋友在一起，多好啊！大家一起做游戏，一起唱歌、跳舞、画画，一起吃饭、睡觉，多开心啊！"

"宝宝，妈妈现在要去工作。下班后，妈妈很快就来接你。"

千万不能用物质交换，例如："宝宝乖，好好听老师的话，想吃什么，妈妈买给你！"如果这样做，孩子很可能会提出许多无理的要求，而且容易养成不良的习惯，让孩子误以为只要他上了幼儿园，家长就应该满足他的要求。这样做就纵容了孩子，过度溺爱孩子，对孩子的成长非常不利。

更不能欺骗孩子说："宝宝，妈妈去上厕所，马上回来。"然后偷偷地溜走。这样会导致孩子对家长失去信任。有的家长甚至强制性地把孩子塞给教师，然后一走了之，让孩子误认为是被家长抛弃了，那样孩子会更伤心，更害怕。另外，家长要多说幼儿园如何好，多说教师如何好，告诉孩子："宝宝长大了都要上幼儿园，交新朋友，学新知识、新本领！"家长一定要把道理给孩子讲透彻，同时与教师密切配合，共同消除孩子的焦虑和畏惧心理。

孩子顺利入园不仅仅是家长的工作，作为幼儿教师，也要做好相关的工作。每天孩子来幼儿园时，教师要热情主动地跟孩子打招呼，还可以对孩子说一些富有感染力的话："宝贝，昨天在家开心吗？我今天一醒来，就想你啦，想你的小辫子，想你吃饭的模样……"教师热情的语言，会让孩子感受到他是被重视的，教师是爱他的。慢慢地，孩子就不会拒绝上幼儿园了。

对于在教室门口吵闹着不肯进教室的孩子，教师更应该用温柔的语言好好安抚，让孩子迅速安静下来。

入园后秘密调查

孩子入园以后，家长一定要在适当的时候与教师交流，询问孩子在幼儿园的情况，详细了解孩子哪些方面表现得好，哪些方面需要注意。把孩子的优点记在一个本子上，存在的问题记在另一个本子上，并记清日期。

掌握了这些情况之后，对于教师说的优点，家长要对孩子进行表扬，即使是很小的一个亮点都不能放过，优点可以放大。家长可以把记录优点的本子拿给孩子看，然后读给孩子听。例如：

"老师今天表扬宝宝了，说宝宝今天吃饭很乖，不挑食，能够自己吃，不要老师喂，而且吃得很饱，真棒！我们的宝宝长大了！宝宝明天一定会做得更好！加油！"

同时给孩子热情的拥抱或甜蜜的吻，让孩子感觉到自己做得对，做得好，得到了教师的表扬和家长的认可，孩子以后会表现得更好。

对于孩子存在的问题，家长要耐心地说服，让孩子明白怎样做是对的，怎样做是不对的。假如孩子在一班，家长可以这样说：

"宝宝，我今天听三班的老师说，他们班有一个小朋友进幼儿园时还哭鼻子，哭着喊着要回家。这个小朋友乖不乖？"

"你们班的小朋友没有哭鼻子的吧？真棒！"

其实说的就是自己的孩子。孩子能够听懂大人的话，知道怎样做不乖，怎样做才能得到教师和家长的表扬。这样孩子就会渐渐适应新生活。

千万不可用物质诱惑，例如："宝宝，明天乖乖地和妈妈说再见，乖乖地听老师的话，妈妈就给你买一个玩具熊！"这样的方法，只能教会孩子如何向家长索取，而且一旦养成习惯，就很难改正，孩子的欲望会越来越难以满足，以后就更难管教了。更为重要的是，这样还会导致孩子没有正确的是非观念。所以，这样的方法不可取。

接孩子时礼貌告别

接孩子离开幼儿园时，如果孩子能够主动向教师说"再见"，主动向小朋友们说"再见"，家长一定要及时肯定："宝宝真棒！""宝宝真是一个懂礼貌的好孩子！你做得棒极了！"然后给孩子一个甜蜜的吻。

如果孩子不能主动向教师、小朋友们打招呼，家长一定不要觉得无所谓，听之任之，觉得孩子长大后就知道了。家长一定要教会孩子礼貌地向教师、小朋友们告别，这是基本的修养，要从小养成。但是要注意方法，不要强迫孩子，要引导孩子观察其他小朋友的表现，肯定其他小朋友正确的做法，同时告诉孩子应该怎样做。

放学回家之前，教师要提醒孩子，明天要好好上幼儿园，比如，教师可以对孩子说："宝贝，很高兴和你度过愉快的一天，你今天的表现棒棒的。晚上老师会想念你的，你也要想老师啊。明天早点到幼儿园，老师在教室门口等着你。"教师的话要让孩子感受到他是被需要的，教师在等着他上幼儿园。

多观察，收集亮点

孩子在家的表现，家长也要留心观察，发现孩子的优点，即使很微小，也要记下来，最好专门记在一个本子上，然后及时与教师沟通，向教师汇报孩子在家的良好表现，希望教师在上课时表扬孩子，同时给孩子一些适当的奖励，例如给孩子一张小贴画、一个拥抱，或者一个吻。类似的肯定、表扬或鼓励，能够有效增强孩子的自信心，也能够增强教师在孩子心中的好感和威信。渐渐地，孩子就会爱上幼儿园的教师，也不再抗拒上幼儿园了。

幼儿教师要善于和家长沟通，充分利用微信群、QQ群等方式，积极向家长通报孩子在幼儿园的情况，多表扬，少批评，让家长及时掌握孩子的动态，回家后有的放矢地对孩子在幼儿园的表现进行评价。孩子被肯定之后，上幼儿园的热情会大大提高。

孩子良好的习惯要靠家长的正确引导，慢慢养成。只要家长采取的方法得当，耐心地教育孩子，正确地引导孩子，相信孩子都能很快适应幼儿园的新生活，能够健康快乐地成长。

第三节　关注孩子的内心世界

孩子上了幼儿园以后，家长每天要多关心孩子在幼儿园的表现，与教师紧密联系配合，才能了解孩子的内心世界和真实感受，以便帮助孩子及时解决各种困难，让孩子快乐地度过每一天。因为，孩子只有开心快乐才能身心健康成长。因此，家长每次接孩子回家，应该亲切地询问孩子："宝宝，你今天开心吗？"

如果孩子回答"开心"，家长要继续询问"为什么开心"，以便了解孩子开心的原因。如果孩子回答，是因为自己在幼儿园表现好，如吃饭很乖，不挑食；睡觉很乖，不用老师哄；自己大小便，不用老师帮忙；画画很好；唱歌很好；跳舞很好……因为这其中的某一项，得到教师的表扬，所以开心。那么，家长应该再次肯定孩子的做法，鼓励孩子明天要继续做到；同时，给孩子真诚的鼓励、一个深情的拥抱或一个亲切的吻，让孩子体会到，自己做得好，就会很快乐，很开心。这样孩子会更加充满自信，以后会做得更好。

如果孩子回答是因为打败了别的小朋友，或者其他恶作剧而开心，家长切不可忽视，要因势利导，耐心说服，强化孩子正确的是非观念，如不能打人，不能欺负其他小朋友，要和小朋友交朋友，关心并帮助小朋友；不能拿其他小朋友的东西……教会孩子一些正确做法。因为孩子年龄小，没有辨别是非观念的能力，需要家长的正确引导。只要耐心细致地说服，讲道理，孩子就会慢慢明白，并很快改正过来。

如果孩子回答"不开心"，家长也不要着急，不要立刻追问孩子为什么不开心。家长应该淡化孩子不开心的情绪，家长应明白这种情绪非常正常，成人也有不开心的时候。所以，家长首先要做的是安慰孩子，可以这样说："宝宝不开心了，现在我们去做点开心的事吧。"然后，家长再循循善诱，耐心询问孩子："宝宝为什么不开心呀？"家长一定要倾听孩子的心里话，也可以通过和教师交流，向同班的小朋友打听，弄清楚孩子不开心的真正原因，然后对症下药，因势利导，帮助孩子打开心结。

孩子不开心的原因有很多，假如孩子是因为今天没有得到教师奖励的小贴画而不开心，那么家长就可以继续询问："别的小朋友是因为怎样做才得到小贴画的呢？"然后告诉孩子，是因为自己做得还差一点点，明天努力比今天做得更好。更高明的说服方法是：只要自己觉得做得好，能不能得到小贴画不重要。这样可以告诉孩子正确的荣誉观，教会孩子不要从小就爱慕虚荣。

如果孩子是因为受了委屈而不开心，家长可以通过和教师联系，了解事情的真相，然后开导孩子，并且教会孩子原谅别人的过错。这样就会不知不觉地把一颗宽容的种子播撒在孩子幼小的心田。

如果孩子是因为无法完成教师布置的任务而不开心，例如教师要求画一朵花，而孩子画不好，没有得到教师的表扬而不开心，那么家长应该告诉孩子："宝宝，没关系，第一次画不好可以再次练习，在家多画几次就好了。"用这样鼓励的语言增强孩子的信心，并陪伴孩子在家练习，直到孩子自己满意为止。如果孩子在某些方面确实达不到教师的要求，家长也不要强求，可以和教师沟通，降低对孩子的要求。因为"十个指头有长短"，每个孩子都有个体差异，这很正常，不要给孩子太大的压力。

对于其他原因造成的不开心，家长都要想办法说服孩子，消除孩子内心的焦虑。总之，家长一定要清楚地了解孩子不开心的真正原因，然后再耐心细致地讲道理，理智地对待，帮助孩子解决内心的不愉快。

为了避免孩子入园以后有不良情绪，家长要注意以下几点：

适当陪伴

【案例】斌斌是个非常有个性的孩子，非常固执，难以适应幼儿园的生活，不会和小朋友友好相处；老师要求做到的事很难做到……因为这些原因，孩子不愿意上幼儿园，一到幼儿园门口就拉着妈妈的手不放，并伤心地大哭。换爸爸送也不行，爷爷奶奶送也不行。斌斌的爸爸妈妈就和老师沟通，有没有好的办法。老师建议家长尝试和孩子一起进入幼儿园，和孩子一起待在教室里搭积木、玩跷跷板、和别的小朋友交流……斌斌的父母接受了老师的建议。这样过了一段时间，在家长的陪伴下，孩子感受到幼儿园老师的亲切，感受到小朋友的友好，感受到幼儿园是一个安全的、快乐的大家园，从而慢慢地消除了自己心中的忧虑和畏惧，渐渐融入幼儿园这个温暖的集体中。

转换角色

【案例】妍妍是个特别娇气的小女孩，对妈妈特别依恋。每当到了幼儿园，要和妈妈分别的时候，总是哭鼻子。这使得妈妈的心情也很不好，同时又无可奈何。后来，老师知道了这件事，向妍妍的妈妈提了一个建议，让妍妍的爸爸送孩子。老师告诫妍妍的爸爸，对孩子要有耐心，要保持好的情绪，在路上可以和孩子说一些轻松愉快的话题，不能对孩子提出过高的要求，不能对孩子太严厉，要多鼓励孩子，让孩子感受到家长对自己的信任和疼爱，增强孩子的自信心。妍妍的爸爸按照老师教的方法去做，和妍妍告别时很轻松。

孩子对自己的亲人还是很信赖的，只是对某一位亲人更依赖，这很正常。所以家长要认识到这不是孩子的缺点，允许孩子有正常的表现。家长要善于采取适当的方法帮助孩子稳定情绪、调整情绪。

淡化要求

【案例】悦悦的妈妈每天送孩子去幼儿园的路上，不是和孩子一起说说笑笑，就是和孩子一起唱歌，要不就是引导孩子观察身边有趣的动物、植物，保持乐观的情绪。在这种情绪下，她很轻松地和孩子说："宝宝今天早上心情很好，妈妈相信，宝宝今天在幼儿园一定也很开心。"

千万不要对孩子提过多过高的要求，如："宝宝，今天要听老师的话；画画要画得最好；唱歌要大声；宝宝今天一定要拿到小贴画……"

类似这样的要求会给孩子很大压力，会增强孩子的焦虑情绪，如果他拿不到小贴画，他怎么向家长交代？他怎么能够开心？

做情绪管理的榜样

游游的爷爷奶奶、爸爸妈妈在这方面做得非常好。他们一家人向来都是客客气气、尊老爱幼、互敬互爱、开开心心的。这样的好情绪、好氛围自然会感染孩子。

家长千万不要遇到一点小事就发脾气，大人之间不要互相埋怨，也不要动不动就埋怨孩子，不要让坏情绪影响孩子。即使遇到烦恼的事情，家长也要管理好情绪，等把孩子送进幼儿园后再解决遇到的难题。

教师要感悟孩子的内心世界

作为幼儿教师，要有敏锐、细致的洞察力，时时关注孩子的情绪，一旦发现哪个孩子不开心了，要及时给予关注，耐心询问为什么不开心，同时要进行正面引导，帮助孩子排解不良情绪，让孩子快乐开朗。

【案例】午饭时间到了，小朋友都洗完了手，准备吃午饭，乐于助人的囡囡对老师说："徐老师，您过来一下。"徐老师走过去，蹲下身，囡囡用渴望的眼睛望着徐老师问："可以让我当发午餐的小助手吗？"徐老师答应了囡囡的要求。囡囡像得了奖品一样赶紧去给小朋友们发午餐。

这时，徐老师发现站在身旁的蔓蔓一副垂头丧气、非常委屈的样子。她突然想起，昨天已经答应了蔓蔓今天当小助手。于是，徐老师连忙对蔓蔓说："蔓蔓，你也快去帮忙啊。"蔓蔓听到后，立刻站起来，开心地端着午餐放在小朋友们的餐桌上。一整个下午，蔓蔓和囡囡都开心得像只小兔子。

从这个案例中可以发现，幼儿教师答应小朋友的事，一定要言而有信，不能拿忘记作为借口，如果确实忘记了，也要采取措施补救，不然就会破坏孩子的好心情。因此，幼儿教师在和孩子们相处的过程中，一定要用心观察，多和孩子们聊天，这样才能知道孩子的真实想法。

【案例】下午手工课结束后，诺诺哭个不停。小杨老师连忙走过去询问，可是诺诺什么都不说。小杨老师问："诺诺，是不是刚才老师声音太大，吓到你了？"诺诺摇摇头。"是不是有谁欺负你了啊？"诺诺依然摇头。老师又问："你告诉一下老师好吗？我们的诺诺怎么哭的这么伤心啊，你再不说老师也要哭啦。"说着，杨老师做了一个手捂脸的调皮动作。就这样经过老师的耐心询问，诺诺终于说出了实情："我没有得到小贴画。"小杨老师想起来了，刚才上手工课时，诺诺因为做得特别慢，没有得到奖励。小杨老师连忙安慰诺诺："诺诺，刚才是老师疏忽了，其实诺诺也做得挺好的，现在老师特别表扬诺诺，你的作品棒极了。不过，诺诺，以后我们要快点做，好不好？"说完小杨老师把贴画贴到了诺诺胸前。诺诺开心地笑了。

教师的鼓励对孩子的影响很大，有些孩子认为自己乖乖的，很听话，却得不到教师的奖励，这让他们很难过。孩子心中也有一面镜子，他会认为那些课堂上乱跑、捣乱的孩子还能得到教师的奖励，而自己好好表现、听话，却得不到教师的奖励，很不公平，很委屈。这种心情会影响孩子世界观的形成，也会打消孩子的积极性，对他积极健康的性格培养很不利。所以教师在一天中的每一个环节都要照顾到每个孩子的内心状况，让孩子们都感到公平和满足，让孩子们在快乐中成长。

让孩子在幼儿园的每一天都开开心心，这是家长和幼儿教师共同的愿望，也是职责所在。只要家长和幼儿教师有充足的信心，加强家园沟通，齐心协力，用科学的方法灵活应对，用足够的爱心与耐心去对待孩子，这个愿望一定能实现。

第二章

孩子入园后
应该营造的家庭环境

心理学家指出:"环境是一种特殊的教育资源。"家庭环境的特殊性,则会直接影响家庭教育的走向。通常所说的"学习型家庭",其最重要的特征就是这类家庭里有着浓厚的学习氛围,而这种氛围本身就是一种潜在的不可忽视的家庭资源。

第一节　创设良好的生活环境

家庭是孩子成长的摇篮，是孩子的第一个成长环境。良好的家庭生活环境是引导孩子走好人生道路关键的第一步，对孩子起着潜移默化的感染作用，它会给孩子带来终身的影响。"近朱者赤，近墨者黑。"这说明环境对人的影响是巨大的、决定性的。生活环境不一定要条件非常优越，物质条件不一定要很高，关键是要让孩子感到温馨、安全、幸福，精神上的富足才是最重要的。那么，家长应该如何给孩子创设良好的生活环境呢？

发挥榜样的作用

父母是孩子的第一任老师，父母的信念、情绪、言行都会对孩子产生耳濡目染、潜移默化的影响。加上孩子年龄小，辨别是非的能力差，好模仿，因而父母的一句话、一个动作，甚至一个面部表情都会对孩子的发展起导向作用。父母自身的修养、良好的亲子关系、正确的教养态度和生活方式、和睦的家庭氛围，都将对孩子一生的发展起到极其深刻而久远的影响。因此，作为家长，尤其是父母，要意识到这一点：想培养什么样的孩子，自己首先就要给孩子做好榜样。从当了爸爸妈妈那一刻起，家长就要严格要求自己，注意自己的一言一行，努力使自己成为一个有教养的人。

家人之间和睦相处

家人之间一定要和睦相处，互相尊重，互相关心，长辈与长辈之间、长辈与晚辈之间，说话一定要注意分寸，多用礼貌用语，注意谦让，把这些当作习惯，不要觉得家人之间可以无所谓，可以随心所欲，可以肆无忌惮。尤其是大人对孩子说话时，一定要以民主的态度、平等与尊重的语气，把孩子当朋友，听孩子说心里话。父母如果与自己血肉相连的孩子都不能成为肝胆相照的朋友，还有谁能成为你真正的朋友呢？君君的爸爸妈妈在这方面的做法值得借鉴。

【案例】君君的爸爸妈妈和孩子交流时，经常使用的是鼓励性的、充满正能量的语言，例如，"咱们君君做得很好！"即使君君有时表现不是很好，灰心丧气，他们仍然鼓励孩子："没关系，只要下次努力，一定会比这次做得更好。爸爸妈妈相信你！"他们从不否定孩子，从不用讽刺性的语言打击孩子，从不伤害孩子的自尊心，更没有动手打过孩子。他们跟孩子的身体接触就是拥抱孩子。他们的家庭中常常充满欢声笑语，只要孩子在家，一家人总是其乐融融的，让孩子感受到家人之间那种真挚的浓浓的爱，让孩子感受到家是最温馨的，充满了轻松、自由、快乐的气息，在家中可以无拘无束。君君的爸爸妈妈说，夫妻之间怎么会没有矛盾？但是他们从不当着孩子的面吵架，一定要找个合适的时机，等孩子不在场的时候解决矛盾。当孩子犯错的时候，他们从不冲动，不指责，不打骂，而是耐心说服，讲道理，让孩子明白自己错在哪里，以后应该怎么做。

家庭是最好的学校，一个孩子长期生活在一个有教养的、有爱心的、积极向上的家庭里，长大以后自然会成为一个有教养的、有爱心的、积极向上的人。

教育要求要一致

父母对孩子的要求应该形成统一，应该私下商量好，能做的就做，不能做的千万不要做，形成统一的标准。不能一个严格要求，一个纵容包庇，那样孩子就没有一个正确的是非标准，就会任性，就会慢慢养成许多坏习惯。

【案例】要求孩子饭前便后要洗手，这看起来是一个小小的要求，明明的爸爸妈妈不仅严格要求自己做到，还严格要求孩子做到。不是今天想起来了就要求一下，明天又放松要求；而是每天坚持这样做。时间一长，孩子自然养成了良好的习惯。

如果家长对这件事的态度是无所谓，今天孩子做到了，明天又忘记了，那样，就不能让孩子养成好的生活习惯。而且，对于家长说的话，孩子也觉得无所谓，可听可不听，这对孩子的成长不利。因此，家庭成员之间，一定要有统一的标准，凡是正确的做法，一定要严格要求做到，坚持始终，才能使孩子养成好的习惯。

家庭环境要整洁

家庭可以不富裕，但是一定要收拾得干净整洁，每间屋子里的用品要摆放得体、整齐，尽可能保持窗户明亮没有灰尘；地上没有果皮纸屑，一尘不染；窗帘清清爽爽，没有污渍；床上整整齐齐，漂漂亮亮；衣柜里的衣服也是摆放得井井有条，放在该放的位置……垃圾不要随处乱扔，一定要有专门的垃圾桶，并且及时清理。家长要注意服装整洁、大方、得体，孩子的穿着也要整洁、大方、得体。需要注意的是，家长一定要告诉孩子，不要和别的小朋友攀比谁的衣服最漂亮，谁的衣服最多，只要衣着得体，适合自己，就是最好的。那些外在的东西不是主要的，一个人最主要的是内在的知识、本领和修养。从小教给孩子这些道理，虽然当时孩子不一定懂，但慢慢会渗透进孩子的潜意识中。

培养孩子劳动的意识

孩子在家的时候，家长可以有意识地安排孩子劳动。凡是孩子力所能及的家务活儿，要安排孩子积极参与。例如，吃饭时让孩子帮忙摆放碗筷，饭后让孩子帮忙收拾餐桌，大扫除时让孩子帮忙擦擦桌子等。家长要培养孩子的劳动意识，让孩子养成爱劳动的好习惯，不要让孩子以为自己是家中的小皇帝、小公主，可以坐享其成，不劳而获。家长下班回家后如果感觉累了，可以适当表现出来，让孩子体会家长工作的艰辛，让孩子用实际行动关心长辈、孝敬长辈。哪怕是给爸爸拿一双拖鞋，给妈妈端一杯水，都要肯定孩子做得对，及时表扬孩子有爱心，懂得尊重、孝顺父母。慢慢地，就会将一颗孝顺的金种子根植于孩子幼小的心田。

给孩子独立的空间

尽可能给孩子安排一个独立的空间，一个属于他的小天地。根据家庭条件，房间可大可小，但一定要绝对属于孩子。在这个房间里，有孩子学习的场所，有孩子的玩具，凡是属于孩子的东西，都尽量放在这个房间里，让孩子当好自己的主人。尊重孩子的想法，让孩子自己发表意见，参与布置自己的房间。

家庭其他成员进入孩子的房间，一定要敲门，征求孩子的同意才可进入，这样做是对孩子的尊重，也是教育孩子怎样尊重他人。

积极参与有意义的活动

家长要有意识地带孩子积极参与一些有益于孩子身心健康发展的活动。例如，每天抽出一定的时间和孩子一起锻炼身体，和其他小朋友做游戏，教会孩子交际的方法，增强孩子的沟通能力。利用节假日，带孩子走进大自然，观察大自然中的各种生物，认识大自然中的各种事物，亲自体验各种生活，让孩子开阔眼界，陶冶情操，培养审美情趣，提高观察、比较、判断的能力，促进其身心健康成长。如到沙滩上去捡贝壳、拾海螺；去草原骑马，感受牧民的生活；去登山，体验汗流浃背的感觉，感受登山远眺的美景。带孩子去农村体验，去田野、果园、菜园认识各种庄稼、瓜果、蔬菜，感受农民伯伯的辛勤劳作，体验劳动的艰辛，体会粮食的来之不易，从而教育孩子节约粮食、不挑食。带孩子去福利院，用实际行动献爱心，帮助弱势人群。

良好的生活环境包括很多方面，只要家长用心构建，孩子一定会自由自在、健康快乐地成长。

为孩子创造良好的生活环境，不仅是家长的事，也是幼儿教师的责任。幼儿教师需要经常和家长沟通，与家长探讨如何给孩子做榜样，如何为孩子创造良好的家庭氛围，同时，教师还可以把做得好的家庭做法推荐给其他家长。教师不只是孩子成长的引路人，在某种程度上，也要引领家长一起成长，这样会赢得更多的教育合力，取得事半功倍的教育效果。

第二节　大力构筑健康环境

健康是指人在身体、心理和社会适应方面的良好状态。幼儿阶段是儿童身体发育和机能发展极为迅速的时期，也是形成安全感和乐观态度的重要阶段。发育良好的身体、愉快的情绪、强健的体质、协调的动作、良好的生活习惯和基本生活能力是幼儿身心健康的重要标志，也是其他领域学习与发展的基础。《3－6岁儿童学习与发展指南》明确指出，在生活与卫生习惯方面，幼儿时期的孩子应达到以下标准（见表2.1）。

表2.1 幼儿生活与卫生习惯目标

年龄段	测评内容	评价标准	测评结果				测评人
			很好	较好	一般	加油	
3~4岁	睡觉和起床	在提醒下，按时睡觉和起床，并能坚持午睡。					
	体育活动	喜欢参加体育活动。					
	饮食习惯	在引导下，不偏食、挑食。喜欢吃瓜果、蔬菜等新鲜食品。					
	饮水习惯	愿意饮用白开水，不贪喝饮料。					
	保护眼睛	不用脏手揉眼睛，连续看电视等不超过15分钟。					
	洗手	在提醒下，每天早晚刷牙、饭前便后洗手。					
4~5岁	睡觉和起床	每天按时睡觉和起床，并能坚持午睡。					
	体育活动	喜欢参加体育活动。					
	饮食习惯	不偏食、挑食，不暴饮暴食。喜欢吃瓜果、蔬菜等新鲜食品。					
	饮水习惯	常喝白开水，不贪喝饮料。					
	保护眼睛	知道保护眼睛，不在光线过强或过暗的地方看书，连续看电视等不超过20分钟。					
	刷牙和洗手	每天早晚刷牙、饭前便后洗手，方法基本正确。					

18

（续表）

年龄段	测评内容	评价标准	测评结果				测评人
			很好	较好	一般	加油	
5～6岁	睡觉和起床	养成每天按时睡觉和起床的习惯。					
	体育活动	能主动参加体育活动。					
	饮食习惯	吃东西时细嚼慢咽。					
	饮水习惯	主动饮用白开水，不贪喝饮料。					
	保护眼睛	主动保护眼睛，不在光线过强或过暗的地方看书，连续看电视等不超过30分钟。					
	刷牙和洗手	每天早晚主动刷牙，饭前便后主动洗手，方法正确。					

注：表格参考《3－6岁儿童学习与发展指南》。

目前，一些幼儿园或家庭通过给孩子们佩戴儿童手表，来获取儿童成长状况大数据，通过这些大数据，幼儿教师或家长也可以了解孩子们的成长、安全、生活等状况。

为了有效促进孩子身心健康发展，家长应为孩子提供合理均衡的营养，保证孩子充足的睡眠和适宜的锻炼，满足孩子生长发育的需要；创设温馨的人际环境，让孩子充分感受到亲情和关爱，形成积极稳定的情绪情感；帮助孩子养成良好的生活与卫生习惯，提高自我保护能力，形成使其终身受益的生活能力和文明的生活方式。

孩子的身心发育尚未成熟，需要家长的精心呵护和照顾，但不宜过度保护和包办代替，以免剥夺孩子自主学习的机会，使孩子养成过度依赖的不良习惯，影响其主动性、独立性的发展。具体来说，家长可以从以下几个方面为孩子创设健康环境。

健康饮食

俗话说："病从口入。"所以，家长一定要重视孩子的饮食健康。

第一，要讲究饮食卫生。家长要尽可能在家里做饭给孩子吃。如果必须在外面就餐，一定要在那些卫生条件好的餐馆就餐，不能随便凑合，在一些卫生环境不达标的路边摊用餐。

第二，讲究营养搭配。食物搭配要根据孩子的年龄特点，科学搭配。早餐要吃好，中餐要吃饱，晚餐适当少一点，因为晚餐吃得过饱，会影响孩子睡眠。每天要有牛奶，多吃新鲜蔬菜和应季水果。蔬菜要注意多样化，注意颜色的搭配，增强孩子的食欲。

各种食物尽可能适合孩子的年龄特点，使孩子易于消化，不要给孩子吃那些难以消化的食物。因为孩子肠胃功能还很弱，难以消化的食物会伤害孩子的肠胃，影响孩子的身体健康。食物尽量清淡，不要过咸，不要过于油腻，少吃甜食。

第三，补充水分以白开水为最佳。超市里买的各种饮料或多或少掺有色素和防腐剂，对孩子健康不利。

健康穿着

孩子穿戴的衣帽、鞋袜不一定要高档，但一定要舒适、宽松、合身，尽可能穿棉质内衣。有些孩子的衣服上有一些带子或钉子做装饰，这样的装饰有安全隐患，最好不要买这种衣服。要为孩子买合身的衣帽、鞋袜，因为不合身的穿着会影响孩子的正常活动。

根据气温的变化，适当添加或者减少衣物，并教会孩子自己掌握穿衣的常识，以自己感到舒适为准。这样的穿衣原则才会对孩子的健康成长有利，不要因为不合理的穿着影响孩子的身体健康。

健康住所

给孩子提供一个安全健康的生活环境。房间里的家具不能有尖锐的角，避免孩子磕碰受伤；如是儿童专用床，旁边有挡板，可以避免孩子掉下床；房间的地板不能太滑，以免孩子滑倒；室内一定不能有安全隐患，例如电源插座要安装在合适的位置，不能对孩子造成任何危险。家长要时刻检查房间，暖水瓶、水果刀等危险品不能随便摆放，确保孩子在房间里安全活动。

孩子最好有自己独立的生活空间，供孩子独立看书、学习、画画，供孩子自由自在地做游戏。保持室内卫生、整洁、光线充足，经常开窗通风，室内室外适当养一些盆栽，让优美安宁的健康环境伴随着孩子成长。

健康作息

根据孩子的年龄特点，制作一份科学合理的作息时间表，而且必须严格执行，从早晨开始，几点起床，几点吃饭，几点上幼儿园；傍晚，几点运动，几点看动画片；晚上，几点看绘本，几点睡觉。必须保证孩子有充足的睡眠，保证孩子每天睡 11 ~ 12 个小时，其中午睡应达到 2 小时左右。午睡时间可根据孩子的年龄、季节的变化和个体差异适当调整。节假日孩子在家时，家长需另外制作一份作息时间表，不能因为孩子不上幼儿园，让孩子养成睡懒觉的不良习惯。

健康出行

在条件允许的情况下，家长尽可能带孩子步行上幼儿园。这样，既锻炼了身体，又可以顺便观察身边的生活，从而帮助孩子增长见识，同时家长还可以和孩子边走边交流，增进相互间的感情。如果需要乘车，一定要确保乘车的安全。没有牌照的车不能坐，超载的车不能坐，司机身上有酒味的车不能坐，摩的不能随便坐，能明显看出车况有问题的车不能坐。家长带着孩子不但要选择安全的车乘坐，同时也要教会孩子如何识别没有安全隐患的车。如果是私家车，孩子一定要坐后座，而且要安装专门的儿童座椅。

健康运动

在幼儿时期的孩子在力量和耐力方面的发展，应达到以下要求（见表2.2）。

表2.2 幼儿力量和耐力目标

年龄段	测评内容	评价标准	测评结果				测评人
			很好	较好	一般	加油	
3～4岁	双手抓杠	能双手抓杠悬空吊起10秒左右。					
	单手投掷	能单手将沙包向前投掷2米左右。					
	单脚跳	能单脚连续向前跳2米左右。					
	快速跑	能快跑15米左右。					
	长途行走	能行走1千米左右（途中可适当停歇）。					
4～5岁	双手抓杠	能双手抓杠悬空吊起15秒左右。					
	单手投掷	能单手将沙包向前投掷4米左右。					
	单脚跳	能单脚连续向前跳5米左右。					
	快速跑	能快跑20米左右。					
	长途行走	能连续行走1.5千米左右（途中可适当停歇）。					
5～6岁	双手抓杠	能双手抓杠悬空吊起20秒左右。					
	单手投掷	能单手将沙包向前投掷5米左右。					
	单脚跳	能单脚连续向前跳8米左右。					
	快速跑	能快跑25米左右。					
	长途行走	能连续行走1.5千米以上（途中可适当停歇）。					

注：表格参考《3－6岁儿童学习与发展指南》。

　　家长可以参照上表，每天抽一定的时间带孩子参加适当的户外活动，根据孩子的年龄特点，开展适当的游戏运动，训练孩子的体能。例如，带孩子在小区里活动时，家长可以有意识地做示范，先自己抓杠悬空吊起，以此引导孩子，让孩子也产生模仿的欲望。孩子如果主动要求做大人一样的动作，家长应该立即帮助并鼓励孩子大胆尝试。对于胆小的孩子，家长要给予鼓励，并帮助孩子完成运动，让孩子从运动中得到快乐，并肯定孩子的每一次小小的进步。

对于其他的运动项目，如丢沙包、单脚跳、快跑、行走等，都可以灵活安排，让孩子在运动中得到锻炼。

幼儿时期的孩子，在平衡能力、动作协调、灵敏度方面还应该达到以下标准（见表 2.3）。

表 2.3 幼儿平衡能力、动作协调和灵敏度目标

年龄段	测评内容	评价标准	很好	较好	一般	加油	测评人
3～4岁	平衡	能沿地面直线或在较窄的低矮物体上走一段距离。					
	走楼梯	能双脚灵活交替上下楼梯。					
	双脚跳	能身体平稳地双脚连续向前跳。					
	躲避碰撞	分散跑时能躲避他人的碰撞。					
	抛球	能双手向上抛球。					
4～5岁	平衡	能在较窄的低矮物体上平稳地走一段距离。					
	钻爬	能以匍匐、膝盖悬空等多种方式钻爬。					
	跨跳	能助跑跨跳过一定距离，或助跑跨跳过一定高度的物体。					
	躲闪跑	能与他人玩追逐、躲闪跑的游戏。					
	抛接球	能连续自抛自接球。					

（续表）

年龄段	测评内容	评价标准	测评结果				测评人
			很好	较好	一般	加油	
5～6岁	平衡	能在斜坡、荡桥和有一定间隔的物体上较平稳地行走。					
	爬攀	能以手脚并用的方式安全地爬攀登架、网等。					
	跳绳	能连续跳绳。					
	躲闪	能躲避他人滚过来的球或扔过来的沙包。					
	拍球	能连续拍球。					

注：表格参考《3－6岁儿童学习与发展指南》。

　　家长带孩子玩的时候，可以有意识地安排合适的运动游戏，对孩子进行训练。例如，家长带孩子在小区散步时，看见地上有一条直线，跟孩子说："宝宝，咱们沿着这条直线走怎么样？"然后，家长在前面示范，沿着直线走，孩子在后面看着，自然乐意模仿大人，也会沿着直线走。起初，孩子可能会走不直，走不稳，没关系，这时家长一定不要打击他们，要充满热情地鼓励他们："宝宝，你走得真稳，小脚都踩到线上了。加油！""宝宝，你棒极了！可以和妈妈比赛了！"在这样的鼓励声中，孩子会满怀激情地做这种运动，他们也许会不厌其烦地一次又一次地走下去，只要孩子有兴趣，家长一定要耐心地陪着孩子走，直到孩子不想走为止。这样的活动进行一段时间之后，家长可以换一种形式，如投掷。在墙上挂一个小篮子或者类似球篮的小网，让孩子把球投进去。家长率先示范，孩子会很乐意和大人一起做这种游戏。这些游戏，都有利于孩子动作协调性及灵活性的发展。孩子在轻松愉快的游戏中，不仅锻炼了体能，而且增进了和大人之间的感情。

　　只要家长从以上几个方面着手，为孩子大力构建健康环境，孩子就一定能健康快乐地成长。

　　作为幼儿教师，一方面要在幼儿园里引导孩子们进行各种各样的户外活动，另一方面还要关注孩子的家庭生活。比如，有的孩子一回家就不想运动，只想看动画片。教师要对孩子们提出要求，每天让孩子们跟着家长到户外活动活动，而且要让家长及时反馈，对做得好的孩子和家长及时表扬，对做得不够好的孩子和家长要善意提醒。

第三节 主动调节心理环境

孩子在幼儿时期，虽然年龄很小，但他们也有自己独特的心理感受。一个正常的孩子，应该具有以下情绪表现（见表2.4）。

表2.4 幼儿的情绪表现

年龄段	测评内容	评价标准	测评结果				测评人
			很好	较好	一般	加油	
3～4岁	情绪稳定	情绪比较稳定，很少因一点小事哭闹不止。					
	情绪平静	有比较强烈的情绪反应时，能在成人的安抚下逐渐平静下来。					
4～5岁	情绪缓解	经常保持愉快的情绪，不高兴时能较快缓解。					
	情绪化解	有比较强烈情绪反应时，能在成人的提醒下逐渐平静下来。					
	情绪分享	愿意把自己的情绪告诉亲近的人，一起分享快乐或求得安慰。					
5～6岁	情绪化解	经常保持愉快的情绪。知道引起自己某种情绪的原因，并努力缓解。					
	不乱发脾气	表达情绪的方式比较适度，不乱发脾气。					
	情绪转换	能随着活动的需要转换情绪和注意。					

注：表格参考《3－6岁儿童学习与发展指南》。

家长要关注孩子的情绪变化，关注孩子的精神状态，当发现孩子有不良情绪时，家长要想办法找出产生问题的原因，采取适当的措施，及时帮助孩子调节负面的情绪，努力使孩子拥有健康的心理环境。健康的心理环境应该是积极乐观向上的，是自由快乐的。那么，家长应该如何帮助孩子调节心理环境呢？

保持积极心态

家长的情绪能够直接影响孩子的情绪，所以，家长要以身作则，每天对生活和工作充满热情，对家人充满爱心，对他人充满友好，以积极、愉快的情绪感染孩子，无形中能给孩子起到良好的榜样作用。在家长的情绪感染下，孩子也能保持乐观、积极、向上的心态，从而朝气蓬勃。

【案例】早上起床以后，林林的家人之间总是面带笑容，互相问早安，甚至经常相互拥抱，真诚地传递感情，对孩子也是这样。一家人一起在温馨甜蜜的氛围中共进早餐，然后互相祝愿："祝你今天心情愉快！"带着这样美好的祝愿，家人高高兴兴地去上班，孩子高高兴兴地去上幼儿园，孩子的心态自然是积极向上的。

教师也要注意以身示范，千万不要将生活中的不快带入工作中，演变成对孩子的不耐心，随意批评，而要时时记住，自己是幼儿教师，是孩子们的榜样，要面带笑容，要开朗和善，要积极阳光。

营造轻松的心理环境

家长和孩子相处的时候，要时刻注意自己的言行，尽可能给孩子营造温馨、轻松的心理环境，让孩子拥有安全感。

【案例】丽丽的家长和孩子说话时，总是蹲下来，和孩子保持平视。这样，孩子的心理上就不会有压力。他们也非常注意和孩子说话的态度和语气，他们把孩子当作知心朋友，总是以温柔的目光注视着孩子，以平等的态度、尊重的语气，真诚地、耐心地和孩子说话。他们不光自己说，还耐心倾听孩子的心声，给孩子尽情说话的机会。他们经常和孩子一起唱歌，和孩子一起说说笑笑，和孩子一起做游戏，和孩子一起看动画片。

如果家长长期坚持这样做，养成习惯，孩子的心里每天都是轻松愉快的，这样的孩子长大成人之后，一定是一个拥有阳光心态、积极乐观的生活强者。

控制暴躁情绪

点点生性暴躁，遇到一点不顺心的事就火冒三丈，暴跳如雷。点点妈妈知道，这样的情绪是不利于点点身心健康的。

遇到这样的情况，家长不能强行压制孩子，先给孩子发泄的机会，等孩子发泄完之后，冷静下来了，再耐心地跟孩子讲道理。家长首先要告诉孩子，这样大发脾气对身体是有伤害的，爸爸妈妈也很心疼；然后告诉孩子，这样这样的行为会导致小朋友们不愿意和自己交朋友，影响自己的人际交往。任由自己的性子，想发脾气就发脾气，这样做是不正确的，也解决不了问题。孩子情绪不好时也不能憋着，憋着对身体也不好。遇到这样的情况应该怎样处理呢？点点的妈妈是这样做的：

"所有的人都会遇到不顺心的事，这很正常，如果大家遇到不顺心的事就发脾气，我们可能会看到很多面孔都是愤怒的。当我们遇到不顺心的事情时，可以想想最开心的事，让我们最开心的人。那样我们一会儿就会把不顺心的事情忘掉，就不需要发脾气了，心里就平静了，也就舒服了。"

增强孩子的自信心

家长要以欣赏的眼光对待自己的孩子，不能盲目地拿自己的孩子和别的小朋友进行比较，要接纳孩子的个体差异。因为每个孩子都有自己的特点，家长要留心观察，善于发现自己的孩子对什么事情最感兴趣，在哪些方面最有天赋，然后加以引导和培养，创造条件，尽可能让孩子更好地发挥自己的长处，展示自己的优势，增强孩子的自信心。

【案例】馨馨唱歌跳舞都非常棒，爸爸妈妈尽量给馨馨提供展示的机会。家里来客人了，他们会寻找合适的时机让馨馨表演；平时参与集体活动时，也给孩子提供展示的机会。渐渐地，馨馨越来越自信了。

教师的表扬对孩子们来说意义重大。因此，幼儿教师要有一双能发现孩子们闪光点的火眼金睛，多表扬孩子，这会为孩子们的成长注入无限的动力。

克服胆怯心理

有的孩子生来胆小,在幼儿园不敢和小朋友们一起玩,别的小朋友在一起玩的时候,他一个人悄悄地躲在一边,非常孤独。有的孩子更不敢接触陌生环境和陌生人群,见到生人不敢说话,别人一跟他说话就脸红,甚至吓得哭鼻子。正常的情况是,孩子见到生人,大大方方地打招呼,有礼有节地和别人正常交往。因此,如果孩子生性胆怯,家长不要着急,要相信孩子通过引导可以改变。

【案例】芳芳是个文静的小女孩,生来胆小,不敢和小朋友一起玩,总喜欢一个人悄悄地躲在角落里,神情也很忧郁。爸爸妈妈知道,长期这样下去对孩子的成长不利。于是,他们经常带孩子去参加朋友的聚会,参加户外活动;带孩子到陌生的环境中,和陌生人打交道,和陌生的小朋友做游戏;教孩子主动和别人打招呼,鼓励孩子在陌生的环境里大胆地说出自己真实的感受,真诚地表达自己的情感。当芳芳表现好时,他们及时肯定,鼓励孩子。芳芳经常接受这样的锻炼,胆子越来越大,渐渐地就克服了胆怯心理,在任何陌生的环境中都能够应付自如了。

由此可见,天生腼腆的孩子,完全可以通过后天的培养与锻炼,与别的小朋友正常交往。

克服自闭心理

一个正常的孩子应该是从不遮遮掩掩,有什么情感就直接表达出来,想说就说,想哭就哭,想笑就笑,想发脾气就发脾气。可是,有些孩子却不是这样,他们不喜欢表露,有点"高深莫测",不知道他们心里想什么,这种情况是不利于孩子的身心健康发展的。家长应该鼓励孩子大胆展示自己内心真实的想法,直接表达真实的情感,喜怒哀乐都可以向家人坦露出来,把欢乐与家人分享,把痛苦向家人倾诉,这样做有利于家长及时帮助孩子分担忧愁,使孩子没有任何心理负担,轻松愉快地成长。

例如,孩子受了委屈,很想哭一场,家长应这样鼓励孩子:"宝宝,怎么啦?有伤心的事吗?想哭就哭出来吧!"让孩子有宣泄不良情绪的机会,想哭就大哭一场。可以让孩子当着家人的面痛痛快快地哭;如果孩子害羞,可以让他躲进自己的房间里尽情地哭。

【案例】皮皮5岁以前一直是奶奶带大的。因为奶奶家有事，奶奶要回老家，皮皮的爸爸妈妈只好请皮皮的外婆来带皮皮。皮皮特别想念奶奶，情绪一直不好。外婆看在眼里，疼在心里。外婆很明智，跟皮皮说："皮皮很想奶奶吧？实在难受的话，你就哭出来吧！"外婆的一句话说到了皮皮的心坎里，眼泪如决堤的洪水倾泻而下。皮皮趴在阳台上，尽情地哭。哭过之后，他自己走到外婆身边，轻松地说："外婆，我现在心里好受多了！"后来，皮皮慢慢又绽开了花儿般的笑脸。

切忌让孩子压抑不良情绪。孩子的不良情绪只有宣泄之后，才能心情舒畅，这样孩子才能健康成长。

幼儿教师也要及时发现比较自闭、不愿意和其他人沟通的孩子。一旦发现这样的孩子，幼儿教师除了在幼儿园给予孩子无微不至的关照外，还要及时联系孩子的父母，了解孩子自闭产生的原因，和家长一同努力，让孩子走出自闭。

在幼儿园的时候，教师要多给自闭的孩子语言暗示，本着多鼓励、少批评的原则，让孩子多做一些简单的事情，让孩子品尝到成功的喜悦。当孩子做完一件事后，教师就要说"你真努力""你太了不起了""你真会想办法"，这样潜移默化地培养孩子的自信心。

克服嫉妒和自卑心理

【案例】丁丁和兰兰住在一个小区，上同一所幼儿园，又恰好在一个班里。平时，两个孩子经常在一起玩。有一天，兰兰在幼儿园就一直嘟着小嘴，放学回家后仍然闷闷不乐，丁丁找她玩，她也不理。兰兰妈妈开始不知道是怎么回事，经过问老师，才知道事情的缘由。原来，在画画的时候，丁丁画的画被老师表扬了，而兰兰的画没有得到老师的肯定。

于是妈妈告诉兰兰："兰兰，今天画的画没有得到表扬，这没什么关系，只要你认真画了就可以了。丁丁会画画，但是我们家的兰兰也有自己的优点，小小年纪就会弹钢琴，多了不起啊。每个人都有自己的优点，我们不能因为别人比我们做得好，就不开心。每个小朋友都有自己的特长，我们要为别人的成绩而表示祝贺，比如今天丁丁画得好，你要真诚地向丁丁祝贺，还可以向丁丁请教，怎么画更好，是不是？"经过妈妈这样的正确疏导，兰兰一下子想明白了，心情又好起来了，自信也回来了。

家长应该正视孩子的自尊心和好胜心。孩子自尊自强，争强好胜，本身不是坏事，它能促使孩子不断进步，但是绝不能产生负面心理，导致孩子心理负担过重，影响身心发展。对于孩子确实达不到的高度，家长不要勉强，不要揠苗助长，伤害孩子的自尊心。

发现孩子有嫉妒倾向时，幼儿教师可以采用下面的方法。

1. 对孩子适当表扬

对嫉妒心强的孩子进行表扬时要注意分寸，不可过多。可以把引导他发现别人的优点作为重点表扬的内容，这样不仅不会伤害孩子的自尊心，还会促使孩子为了得到表扬而继续发现别人的优点，逐步扭转嫉妒心理。

2. 引导孩子正确评价

可以讲一些相互学习、团结友爱方面的故事，和孩子共同评价各角色的优缺点，让孩子的认知和情感受到潜移默化的影响；也可以引导孩子说说自己的绘画、手工、小制作等哪些地方好，还可以怎样做得更好，在提高孩子艺术鉴赏能力的同时渗透辩证的观点，逐渐影响他将来对人对事的态度。

3. 引导孩子管理好自己的情绪

【案例】5岁的美美因为妈妈出差没有去现场看自己在幼儿园的演出而非常不满，看到别的小朋友和他们的妈妈时，眼神都是不满的，一副很生气的样子。老师发现后搂着美美问："妈妈爱美美吗？"美美点点头。"那今天妈妈为什么没有来啊？""出差了。""对啊，妈妈不是不爱美美而没来，而是因为工作啊。别的小朋友的妈妈很爱他们，美美的妈妈也很爱美美啊，对不对？"后来，老师又建议美美的妈妈在家里邀请其他小朋友去做客，给美美开了一个专场晚会。这样一来，美美明白了妈妈很爱自己，很关注自己，再也不对妈妈失望了，也不嫉妒别的小朋友了。

克服骄傲心理

【案例】 涛涛是个目中无人的小家伙。因为这个小家伙聪明、大胆、表达能力强，不管走到哪里，得到的都是大家的表扬。有一次，老师教小朋友跳舞，涛涛很快就学会了。但是，岚岚怎么也学不会，老师在一旁耐心地教岚岚。涛涛见此情景，趾高气扬地说："岚岚，你好笨啊，这个都学不会，你太笨了。"说完还肆无忌惮地笑。岚岚大哭起来。等涛涛稍稍冷静以后，老师找了一个合适的机会，给涛涛讲了《骄傲的孔雀》的故事。借着这个故事，老师告诉涛涛："涛涛你学得很快，的确很聪明，但是我们不能过于骄傲。这次你很快学会了跳舞，这是你努力的结果。以后还要通过自己的努力，做得更好。另外，不要因为自己今天做得好，就以为自己了不起，瞧不起其他小朋友，这是不对的。我们要和其他小朋友友好相处，能够帮助小朋友的地方，尽量多帮助小朋友。因为别的小朋友也有比你做得好的地方。"

家长可以借鉴案例中教师的做法，去正确引导孩子。这样一来，孩子就不会骄傲自满、目中无人了。家长更要注意观察自己的孩子，若孩子出现目中无人、不尊重他人的行为时，一定要温和地提醒孩子，不能纵容孩子。只有教师和家长都重视起来，才能让孩子从小养成谦虚谨慎、戒骄戒躁的好品性。

克服逆反心理

【案例】东东生性比较叛逆，对家长的说教总是不听，真是让家长伤透了脑筋。东东的妈妈冷静地思考后，终于想明白，对于东东这种个性的孩子，压制、呵斥只能使情况越来越糟糕，不能强制性地逼迫他屈服，那样即使表面上屈服了，但内心并没有真心接受，这种教育方式是没有用的。后来家长改变了策略，首先选择坦然面对，然后顺着东东的情绪正确引导。当东东确实蛮不讲理，家长跟他讲任何道理都无济于事时，他们就冷处理，暂时不理他，对他不闻不问。等东东冷静下来，主动亲近家长时，他们再跟他耐心讲道理，让他明白怎样做是对的，怎样做是不对的。经过一段时间，东东的逆反心理有了明显的改变。

每个孩子都有自己的个性，家长要开动脑筋，根据孩子的性格正确引导，一定能够帮助孩子克服逆反心理。

作为幼儿教师，也要心细如发，随时观察孩子的情绪，只要发现问题，就及时进行引导。当孩子暴躁的时候，要给予安慰，让孩子迅速平静下来；同时，还要多和这样的孩子交流，告诉孩子不能随便发脾气，这样就会没有朋友。对于内向胆小的孩子，教师更要多关注他们，当他们在集体活动中，因畏惧不敢参加的时候，要鼓励他们，即使他们不能很好地完成任务，也要多多鼓励，让他们明白参与就是胜利；对骄傲自满、目中无人的孩子，也要给予正确的引导，告诉他们如何正确对待成功。幼儿教师是孩子在幼儿园最信任、最依赖的人，因此，教师一定要关注每个孩子的心理情况，并及时给予正确的引导。

　　总之，不管是家长还是幼儿教师，都要善于留心观察，关注孩子的情绪变化，关注孩子的精神状态，从而了解孩子的心理，教会孩子采取各种办法，适时调节，克服各种消极心理，每天保持积极向上的心态，健康快乐地成长。

第三章

幼儿期是培养孩子
良好习惯的最佳时期

　　行动养成习惯，习惯形成性格，性格决定命运。良好的行为习惯能成就美好的人生。在幼儿时期就开始培养孩子良好的行为习惯极为重要。因为这一时期，孩子的身心发展十分迅速，可塑性极强。这一时期的教育对孩子今后乃至终身发展都有重大影响。

第一节 培养孩子健康的生活习惯

英国教育家洛克认为："一切教育都归结为儿童的好习惯，往往自己的幸福都归于自己的习惯。"可见，好的习惯对于孩子成长的重要性，好的习惯甚至关系到孩子一生的幸福。幼儿时期正是孩子良好习惯养成的黄金时期，因此，在这个关键时期，家长一定要密切配合幼儿教师，从多方面入手，帮助孩子养成各种良好的习惯。

偏食不可忽视

有些孩子偏食特别严重，造成营养不良，抵抗力弱，动不动就生病，孩子受苦，家长也遭罪。遇到这种情况，即便是去看医生，吃药打针，也只能是救一时之急。正确的做法是要改变孩子偏食的坏习惯。因为偏食，孩子吸收的营养不全面，影响孩子身高、体重、智力的发展。家长要认真对待孩子偏食的问题，通过看医生等方法，找出偏食的真正原因，然后想出相应的对策，调节孩子的饮食，科学育儿。

【案例】琪琪和其他小朋友同龄，可她特别瘦小，家长说他偏食，只喜欢吃咸菜、辣菜，不吃新鲜蔬菜，也不吃肉，看见妈妈买肉，就愁眉苦脸，似乎肉比药还难吃。针对这种情况，老师建议家长带琪琪去看医生。经医生诊断，琪琪瘦小是因为营养不良，因为营养不良导致偏食，因为偏食就更加营养不良，形成了恶性循环。

营养全面的孩子除了身高、体重达标以外，智能也能得到健康发展。而营养不良的孩子，这些方面都得不到正常发展。那么，如何改变孩子偏食的坏习惯呢？家长可以从以下这些方面进行调节。

一日三餐要定时，合理搭配，食材的种类要多样化，颜色要多样化，注意荤素搭配，营养全面。同一天，三餐食材不一样。同一周，也要变换食物的花样。努力使一周每餐吃的都不一样，给孩子视觉上的愉悦，从而刺激孩子的食欲。不要总是吃几种菜，显得太单调，孩子容易缺乏食欲。家长要以身作则，把吃饭视为一件快乐的事。吃饭的时候，家长有意识地说这些饭菜如何好吃，并要科学地讲解营养价值，要吃得津津有味，切不可挑剔。家长还要说一些开心的事，调节一家人的心情，调节气氛，营造温馨和谐的进餐氛围。

家长可以做一些跟吃饭相关的事，如饭前引导孩子帮大人擦餐桌、摆放碗筷等；用激励性的语言诱导孩子对每餐的饭菜感兴趣。这样慢慢调节，孩子渐渐就能改变偏食的坏习惯。

幼儿园会根据幼儿的成长特点，为孩子们制定科学合理的食谱。幼儿教师要密切关注孩子们的饮食情况。在引导孩子们就餐的时候，幼儿教师要讲究方法，鼓励孩子们不挑食，认真吃饭，而且要督促孩子们养成良好的用餐习惯。一旦发现某个孩子存在不合理的饮食习惯，幼儿教师要督促孩子改正，同时要和孩子的父母多沟通，确保家园同心，让孩子养成健康的饮食习惯。

一个发育正常的孩子，身高、体重、体态应该达到以下标准（见表3.1）。

表3.1　正常儿童的身高、体重、体态发展目标

年龄段	测评内容	评价标准	测评结果				测评人
			很好	较好	一般	加油	
3～4岁	身高	男孩：94.9～111.7厘米；					
		女孩：94.1～111.3厘米。					
	体重	男孩：12.7～21.2千克；					
		女孩：12.3～21.5千克。					
	体态	在提醒下能自然坐直、站直。					
4～5岁	身高	男孩：100.7～119.2厘米；					
		女孩：99.9～118.9厘米。					
	体重	男孩：14.1～24.2千克；					
		女孩：13.7～24.9千克。					
	体态	在提醒下能保持正确的站、坐和行走姿势。					

（续表）

年龄段	测评内容	评价标准	测评结果				测评人
			很好	较好	一般	加油	
5～6岁	身高	男孩：106.1～125.8厘米；					
		女孩：104.9～125.4厘米。					
	体重	男孩：15.9～27.1千克；					
		女孩：15.3～27.8千克。					
	体态	经常保持正确的站、坐和行走姿势。					

注：表格参考《3－6岁儿童学习与发展指南》

零食要有节制

现在超市里的零食品种繁多，令人眼花缭乱、垂涎欲滴，别说孩子了，就连大人也很难禁受得住诱惑。孩子一到超市，走到食品专柜，腿就迈不动了。家长要理解孩子的这种本能和欲望，同时也要理智地对待这个问题。这些五花八门的零食里有多少成分是对孩子的身体健康有益的呢？这些零食里或多或少含有色素、防腐剂等食品添加剂，它虽然不致命，但对孩子的身体健康影响很大。所以，最好的方法是不吃零食。如果实在要准备一点，家长一定要选择营养成分多、对孩子伤害小一些的零食。

【案例】徐姐给孩子准备的零食通常是应时水果、红枣和葡萄干等各种干果类、核桃等坚果类、全麦面包等，在孩子确实饿了，而且又不影响下一顿正餐时，给孩子适当吃一点。她每天给孩子喝适量牛奶，常喝白开水。超市里卖的各种饮料她从不给孩子买，也不让孩子喝。油炸食品、含膨化剂的食品几乎不给孩子吃。孩子每餐都能像大人一样按时吃饭，而且从不挑食，长得非常健壮。

邻居大瑞的妈妈就没有这样细心。她对孩子特别溺爱，只要孩子要零食吃，从不过多考虑，基本是有求必应，而且孩子想什么时候吃都可以。结果，孩子到了该吃饭的时间就没有食欲了，家长还需追在后面喂。

像大瑞家长这样的做法非常不可取，不仅家长累，孩子也吃不好，而且也影响孩子的食欲，从而影响孩子的健康发育。

很多孩子比较任性，在幼儿园可能会不吃零食，但是一回家就开始吃个不休。教师应该跟踪调查，关注孩子在家吃零食的情况。根据家长的反馈，对表现好的孩子，教师要提出表扬；对吃零食毫无节制的孩子，要多多提醒。这样，孩子才能做到家园如一，养成少吃零食的良好习惯。

【案例】陶陶爱吃零食，父母对他要求严格，不准他吃。但是，爷爷奶奶特别疼他，一回家就给他各种各样的零食。父母无计可施，只好求助老师。老师将孩子的爷爷奶奶叫到幼儿园，她首先对陶陶提出了表扬："陶陶是个聪明的孩子，乖巧听话，在幼儿园还主动帮助其他小朋友……"爷爷奶奶听了乐呵呵的。老师顺势说："这都是叔叔阿姨的功劳，听说，陶陶在家你们带的时间多。"爷爷奶奶更开心了。接着，老师话锋一转："叔叔阿姨，我昨天发现陶陶的牙齿有点黑，是不是糖吃多了啊？"爷爷奶奶点点头。"陶陶是不是特别爱吃零食啊？"爷爷奶奶继续点头。"哎呀，叔叔阿姨，吃零食可是个坏习惯。千万不要以为，吃零食对孩子有好处。我给你们讲一下哪些零食可以吃，哪些零食不能吃……"老师给爷爷奶奶讲述了吃零食的坏处，对孩子的伤害，以及可以适量吃的零食。爷爷奶奶听了频频点头。从那以后，爷爷奶奶再也不随便给陶陶零食吃了。

幼儿教师的义务不仅仅在于教孩子怎么做，更要巧妙地指导家长怎么做，才能得到家长的支持和配合，收到良好的教育效果。

培养独立睡觉的习惯

孩子独立睡更有利于健康。因为孩子和大人睡在一起，大人呼吸时呼出的二氧化碳对孩子的健康是不利的。和大人睡在一起，孩子的四肢也不能任意伸展，对身体发育也不利。而且，独立睡还能够培养孩子独立的个性。因此，家长要培养孩子独立睡觉的习惯。有些孩子生性很乖，适应能力也很强，对于独立睡觉很快能够适应，不需要家长花太多的精力。可是，有些孩子就不是那么容易了，这就需要家长多花一些心思。

1. 创造条件

家长尽可能给孩子创造一些单独睡眠的条件。

【案例】妈妈为了让珍珍独立睡觉，给她准备了一个特别安静的环境。一个具有童真的房间，一张小床，房间内空气清新，被褥轻软。墙面颜色、家具、床单、被褥等都是珍珍自己选择的，墙壁上画了一些可爱的卡通画。珍珍怕黑，妈妈特意准备了一盏小夜灯，它能发出柔和的淡蓝色的光，可以给珍珍足够的安全感。经过一段时间，珍珍可以在自己的房间独自安然入睡了。

珍珍的妈妈通过一些巧妙的方法，使珍珍以自己单独拥有一间宽敞舒适的房间而感到开心，并使她彻底喜欢上了自己的小床和房间，这样她便很乐意单独在自己的房间里睡觉了。

2. 鼓励为主

对于不能独立睡觉的孩子，家长不要急于求成，要给孩子适应的过程，循序渐进地鼓励孩子独立入睡。

【案例】婷婷的妈妈常常鼓励孩子："宝宝，你已经长大了，上幼儿园了，你很勇敢！"和婷婷一起看电视时，看到小朋友单独睡在一个房间的场景，她就表扬电视里的那个小朋友，同时鼓励婷婷也要这样做。婷婷一开始不能接受，感觉好像被爸爸妈妈抛弃了，但妈妈非常耐心地讲道理，坦诚地和她沟通，并坚持给她讲睡前故事，等她睡着了再离开。一段时间以后，婷婷就能独立入睡了。

而云飞的妈妈就不是这样，她让云飞独自睡觉时总是恶狠狠地对他说："睡觉！如果不能自己睡觉，妈妈就不爱你了。"云飞吓得大哭，她骂得更凶。结果，导致云飞胆子越来越小，面对妈妈时总是畏畏缩缩的。这样做，对孩子的身心健康极为不利。

3. 睡前功课

有些家长为了让孩子能够安心独立入睡，睡前做了大量安抚工作，非常值得借鉴。

【案例】英英的妈妈每晚都要给孩子洗一个温水澡，再给她进行全身抚摩，帮助她安静下来。然后给她念有趣的故事、亲吻她，坚持每晚都进行这样的睡前惯例。妈妈离开英英的床时会说："宝宝，我去刷牙，一会儿回来！"让英英听见她刷牙的声音，如果英英哭叫着让妈妈回去，妈妈就回去亲吻和安慰她。

英英的妈妈这样做的目的是，让孩子知道妈妈不会离开她，会陪同她，并且永远都不会离开，让孩子不要惊慌。最重要的是，让孩子明确知道妈妈不能陪同她睡，也不会离开她。接着，妈妈又离开孩子，继续去刷牙。每晚都遵循这样的规律，一段时间以后，孩子慢慢会知道妈妈永远爱她而放心地独立入睡了。

4. 表扬激励

对于独立睡眠做得好的孩子，家长一定要及时表扬。

【案例】李姐是这样做的。前一天晚上孩子睡得很好，第二天早上孩子醒来以后，她首先表扬孩子："宝宝，你昨天晚上一个人睡得非常香甜，妈妈晚上起来看了几次，你的被子都盖得好好的。宝宝，你很棒，妈妈真开心！"然后，真心实意地亲吻孩子的小脸蛋。接着，在全家人一起吃早饭的时候，当着全家人的面她再次表扬孩子；有时候奖励孩子傍晚回家可以多看一集动画片；有时候答应孩子："如果这一个星期，宝宝都能够像昨天晚上那样自己睡觉，那么周末我们一家人一起去公园玩。"

李姐这样的做法，是对孩子的良好表现进行肯定和鼓励，孩子一定会做得更好。

在幼儿园午睡时，教师要抓住时机，表扬那些在家独立睡觉情况良好的孩子，也要鼓励不能独立睡觉的孩子变得勇敢起来，慢慢地也能够独立睡觉。

电子游戏非儿戏

当今社会，科技迅猛进步，许多电子产品与人们的生活息息相关，电视机、电脑、手机、平板电脑……时时刻刻都在诱惑着孩子。这些电子产品诚然能使孩子的生活丰富多彩，但是如果使用过多，不加节制，对孩子的身体势必造成很坏的影响。因为，孩子正处于生长发育时期，过度使用电子产品，首先会影响孩子的视力。由于家长不注意引导孩子保护视力，大多数的孩子视力严重下降，小小年纪就戴上了眼镜，而且可能影响孩子将来就业，影响孩子一生。其次，过度使用电子产品会影响孩子的脊柱发育。孩子正处于生长发育期，长时间坐着，脊柱便不能正常生长发育，导致消化系统、呼吸系统等都会受到严重影响。另外，这些电子产品对人多少有一些辐射，对于正在生长发育的幼儿来说，更应该注意。所以，家长要帮助孩子抵制电子游戏的诱惑，做到适可而止。

要想孩子少接触电子产品，首先家长要以身作则，身教重于言教。家长在孩子面前尽量少"玩"手机或电脑，把手机或电脑当作用具而不是玩具。必须用的时候，肯定要用，但一定不能长时间对着手机或电脑，沉迷其中。只有家长管理好自己，才能教育好孩子。

【案例】为了帮助孩子抵制电子游戏的诱惑，王姨说她们一家人都很注意。大人从不玩电子游戏。在孩子面前，手机总是放在一边，仅仅用于接电话、打电话。孩子看电视或玩游戏时，持续半个小时就让他停下来，家长和孩子一起活动：做做游戏、唱唱歌、跳跳舞、拍拍球、看看远处、喝开水，让孩子的眼睛得到休息，让紧张的肌肉松弛下来，得到调整。孩子在和大人一起互动的时候，身心愉悦，就不会沉迷于电子产品了。

而大鹏家就不是这样。家长总是"机不离手"，在大鹏面前无所顾忌地看手机、玩游戏。大鹏因此受到了影响，对游戏更是沉迷。小小年纪，他就戴上了眼镜。

幼儿教师也要特别注意，当着孩子的面，千万不要在手机上刷微博、看视频、聊天、游戏等。要让孩子觉得，手机不过是个联系的工具，不是玩具。因为教师的一言一行，都会对孩子产生深远的影响，孩子会处处模仿。

"少年若成性，习惯成自然。" 幼儿期正是良好习惯萌发与形成的阶段。孩子在幼儿期只要养成良好的生活习惯，对今后的人生将受用无穷。

第二节 培养孩子良好的行为习惯

幼儿期的孩子，模仿力很强，他们不会做的事就会模仿身边的人。家长和幼儿教师是孩子朝夕相处的人，是孩子最信任的人，孩子模仿的对象通常是家长和幼儿教师，我们的行为就是孩子的范本。要想让孩子养成良好的行为习惯，家长和教师要注意自己的行为，给孩子做最好的榜样。

教育孩子做到知错能改

"人非圣贤，孰能无过。"成人都难免犯错，何况孩子。家长要注意言传身教，同时教会孩子承认并改正错误，并保证以后不再犯同样的错误。

【案例】爸爸答应冰冰下班后给她买一本书，可是他忙着忙着就忘记了这件事。回家以后，冰冰一看见爸爸就迫切地问："爸爸，我的书呢？"爸爸这才想起来，他连忙向冰冰道歉："对不起，宝贝，爸爸今天把这件事情忘了，明天一定给你买，行吗？"因为爸爸态度诚恳，冰冰当即原谅了爸爸。

过了几天，冰冰和小朋友一起玩，玩着玩着就闹矛盾了。爸爸耐心询问冰冰事情的经过之后问："冰冰，你觉得是谁做错了呢？"冰冰不好意思地低下了头。爸爸抚摸着冰冰的头，温和地说："那现在我们应该怎样做呢？"于是，冰冰主动向对方道歉，两个小朋友重归于好。

而小林家是另一种情况。小林因为比同龄的小朋友身材高大，常常欺负别的小朋友。一次，小林看见大华有一把非常漂亮的玩具手枪，便一把抢过来，无论大华怎么跟他要，小林就是不肯还给他。大华的妈妈找到了小林的妈妈，跟她说明了情况，本来是出于善意想让小林的妈妈管教一下自己的孩子，没想到她却冷冷地说："不就是一把手枪嘛，有什么了不起！儿子，还给他！"

通过对比，我们明显会觉得冰冰的爸爸教育有方，而小林妈妈的做法有失妥当。

教育孩子知错就改，不仅仅是家长的责任，也是教师的责任。幼儿教师也要给孩子树立榜样，做到知错就改。

【案例】婷婷老师刚到幼儿园上班，没有什么经验。有一次，两个小朋友貌似推推搡搡，发生了矛盾。为此，婷婷老师很生气，不问青红皂白，大声吼了两个孩子，孩子被吓坏了。后来，婷婷老师才知道，两个小朋友不是发生矛盾了，而是在玩吵架的游戏。于是，婷婷老师连忙道歉："对不起啊，老师今天有点冲动，没有弄清楚是怎么回事，就对你们大发脾气，你们能原谅老师吗？"两个小朋友点点头。随后，婷婷老师拉着两位小朋友的手，在全班孩子面前道歉："孩子们，以后你们做错事，也要和婷婷老师一样，敢于承认错误，改正错误。"婷婷老师非常善于抓住教育的机会，对孩子进行正确的引导。

培养孩子爱惜物品的习惯

因为家里物质条件优越，许多孩子的生活用品、学习用品、玩具应有尽有，因此就不懂得珍惜，乱扔，乱丢，甚至把好端端的东西任意毁坏，这种习惯很不好。他们不知道这些东西都是父母辛辛苦苦挣钱买来的，不懂得尊重别人的劳动成果，没有感恩之心。孩子小，不懂事，家长应该及时正确引导，把这些道理讲给孩子听。如果讲道理不行，可以适当惩罚。

孩子们在幼儿园里会接触到很多玩具，幼儿教师要注意引导孩子们正确使用，轻拿轻放，不能随意损坏，玩完后要及时归位。教师发现做得好的孩子，要及时表扬，让每个孩子养成爱护公物的习惯。同时，教师要告诉孩子，家里的物品也要爱惜，不能随意破坏，随手乱扔。

第三节 培养孩子良好的卫生习惯

良好的卫生习惯不仅关系到孩子的身体健康，同时也是一种行为修养，所以家长和幼儿教师要教育孩子从小养成讲卫生的好习惯。

做卫生小标兵

【案例】妈妈规定小杰：早晚刷牙洗脸，饭前便后洗手，饭后漱口，从外面回家后要先洗手，再吃东西，勤洗澡，勤剪指甲，勤换衣服和鞋袜，不随地吐痰，垃圾扔进垃圾桶并及时清理，房间卫生要经常打扫。

她还让小杰和家人轮流当"卫生部长"，负责房间的卫生和个人卫生，检查房间有没有垃圾，家具是否干净；自己的头发和脸蛋是否干净，有没有鼻涕，小手是否干净，等等。这样小杰在家里养成了讲卫生的好习惯，无论到哪里都是卫生小标兵，大家都很喜欢他。

幼儿教师每天要提醒孩子们饭前、便后洗手，养成良好的卫生习惯。初入园的孩子，教师还要教给他们洗手的方法；对于大班的孩子，教师可以让孩子们相互监督检查，通过这样的方法让孩子们养成勤洗手的习惯。

有些孩子的家长不爱给孩子洗澡、不勤理发、不勤剪指甲，孩子个人卫生做得不太好，对于这样的孩子，教师除了定期检查，督促孩子们养成良好的卫生习惯之外，还要提醒家长，多关注孩子的个人卫生。

培养孩子爱整洁的好习惯

首先，家长要养成保持整洁的好习惯；同时，督促孩子保持仪表整洁。

【案例】小洁的妈妈只是个普通的清洁工，家庭条件也不是特别好，但是她每天都服装整洁。她常常告诉小洁，外出前必须照照镜子，注意自己的衣服鞋袜是否干净整齐，衣服扣子是否扣整齐了。她每天晚上都要陪小洁把第二天早上要穿的衣服准备好，并让小洁知道人人都喜欢整洁干净的孩子。在她的影响下，小洁每天出门时穿着都很干净整洁，特别招人喜欢。

她告诉小洁，除了服装整洁之外，个人的房间也要保持整洁。玩具归类放置，摆放整齐，保持清洁，经常擦洗，这样可以避免细菌的滋生。在她的熏陶下，小洁把自己的小房间收拾得非常整洁。

她还告诉小洁，家中其他的物品用完后应该放回原处，如果乱拿乱放，没有固定的地方，家里就显得很零乱，找起东西来也很麻烦。

小洁在家养成了整洁的习惯以后，在幼儿园自然东西哪里拿哪里放，深受老师的赞赏。

他们还经常在家中开展一些有趣的活动。例如，定期开展卫生大检查，全家人轮流担任检查长，全家人一起组成检查团，检查每一间房间里的物品是否摆放整齐，是否干净，评出最整洁的房间，在房门上贴一张小贴画。每当开展这样的活动时，小洁的兴致是最高的。同时，这样的活动更加激发小洁乐意去做一个爱整洁的好孩子。

幼儿教师需要通过慢慢引导，来培养孩子们整理物品的能力，可以尝试着让孩子们学着整理床铺。叠被子对于孩子们来说太难，不建议让孩子们学。教师可以告诉孩子们，睡觉前要把自己的鞋子和衣服摆放整齐，不能乱放。同时，教师要注意和家长沟通，要求孩子在家里也要做到以上几点，保证教育的实效性。

教给孩子简单的医学常识

医学常识和孩子的生活息息相关。我们当然希望孩子每天都健健康康的，但是无论怎样做，孩子都会生病，这也很正常，所以家长要教给孩子一些简单的医学常识，让孩子在生病以后不至于惊慌。

1. 我的眼睛最明亮

孩子年龄小，各种器官都处于生长发育阶段，很容易受伤，所以家长要教会孩子保护好自己的身体。"眼睛是心灵的窗户"，家长要教会孩子保护好视力的方法，让孩子看看身边戴眼镜的人，了解他们在日常生活中有哪些不方便，以此教育孩子。另外，如果视力不好，长大以后有些工作想做也做不了。

【案例】妈妈给林林制定了一些家规：看电视持续时间不能超过半小时，到了半小时要主动停下来，做做游戏，调节眼睛和身体；看书、画画时，眼睛离书本保持一尺的距离；不在昏暗的光线下看书；不在晃动的车上看书；不用脏手揉眼睛；眼睛里如果进了异物，不要用手揉，要不停地眨眼睛，或者闭着嘴巴咳嗽，让异物自己出来，或者用清水冲洗眼睛。

2. 保护鼻子和耳朵

家长要教给孩子保护鼻子和耳朵的简单方法。

【案例】妈妈告诉小雨，不要用手抠鼻孔和挖耳朵，否则，鼻孔和耳朵就有可能受伤。洗头或洗澡的时候，不要让耳朵进水。为了防止耳朵进水，每次给小雨洗澡时，妈妈都用棉球塞住小雨的耳朵。如果不小心水进入耳朵，妈妈就及时用棉签将小雨耳朵里的水吸干。妈妈还告诉小雨，如果鼻孔和耳朵里进了脏东西，自己不能解决的，可以向家长或老师求助。如果不小心流鼻血，不能仰着头，应该低头，同时用冷水拍打后颈部。

3. 保护牙齿

家长要告诉孩子，如果有一口好牙，才能更好地吃东西，这样才能保证足够的营养，使自己正常地生长发育。如果牙齿坏了，就会疼，就不能吃东西，营养也会跟不上。那么如何保护牙齿呢？

【案例】小路的妈妈不但自己做到了以下几点，要求孩子也这样做：早晚一定要刷牙；饭后要漱口；晚上刷牙以后一定不再吃东西；少吃糖，不吃或不用牙齿咬过硬的东西。孩子了解到这些常识以后，对牙齿格外爱护，现在长齐了一口好牙。

而李涛的妈妈就不是这样，孩子随意吃东西，也不重视保护孩子的牙齿。现在李涛常常牙疼，孩子痛苦，家长也心疼。

总之，家长要教给孩子一些简单的医学常识，帮助孩子应对一些突发事件，使孩子的身体不至于造成大的损伤，帮助孩子健康成长。

幼儿教师要扎扎实实给孩子们上好安全课，教给孩子们一些常识，比如身体不舒服、心里委屈的时候都要及时告诉家长。当然，在幼儿园的时候，幼儿教师更要对每个孩子关怀备至，保证孩子们的健康和安全。

第四节 教育孩子讲文明、懂礼貌

讲文明、有礼貌不仅是中华民族的传统美德，也是一个人最起码的教养，它是日常交往必不可少的高尚的文明行为。文明礼貌教育，必须从幼儿抓起。幼儿时期正是习惯养成的敏感期，家长和幼儿教师要抓住这一重要时期，对孩子进行教育，使孩子从小学礼、知礼、懂礼、用礼，塑造健全的人格。

尊敬他人有礼貌

在家里家长要给孩子树立良好的榜样，对家人说话要讲文明、有礼貌，不管是对长辈、平辈还是晚辈，都要互相尊重，说话时语气要柔和、态度要真诚。

在社会上与人交往时，家长要注意自己的言行，讲文明、有礼貌。见到邻居要主动热情地打招呼；客人来了热情接待，笑脸相迎，向客人问好，给客人让座，给客人端茶倒水；在路上碰见熟人，要主动打招呼；在窄路上遇见对面有人过来，要主动让道。这一切对于孩子来说，就是活生生的教材。

家长要教育孩子每天起床后主动和家长打招呼："妈妈，我起床了！""爸爸妈妈，早上好！"每天去幼儿园时要和家人告别："爸爸妈妈，再见！"从幼儿园回家，要和家人打招呼："爸爸妈妈，我回来了！"

　　给爸爸妈妈端水时用双手递给他们；等全家人坐齐了再吃饭；吃饭时不要只顾自己，自己喜欢吃的菜不能一个人独自享用；自己先吃完要告诉家人："我吃完了！谢谢妈妈！"晚上睡觉前要和家人说："晚安！"

　　在幼儿园里，幼儿教师也要教育孩子尊敬他人有礼貌。早上到了幼儿园，教师要和孩子主动打招呼："早上好，xx 小朋友，很高兴见到你。"可能第一次孩子不敢和教师对话，教师要鼓励孩子，大胆地回应教师的问候："您好，老师，很高兴见到您。"这样问候几次之后，教师要告诉孩子，每次见了教师都要主动问候，因为教师是长者，小孩子先问候教师更有礼貌。见到自己熟悉的叔叔阿姨要主动打招呼，见到熟悉的小朋友也要主动打招呼。吃饭、上厕所、做游戏等，要遵守秩序，不争抢；进门、出门、上下楼梯等，也要按次序，不抢道。总之，教师要注意处处引导孩子做有礼貌的小绅士、小淑女。

欺负弱小使不得

　　在我们身边有一些人比我们弱小，他们或者身材比我们矮小，或者行动比我们迟缓，或者智力比我们低下，家长和幼儿教师要告诉孩子，与这样的人相处，一定要多帮助他们，不能以强欺弱。

　　家长和幼儿教师必须这样引导孩子：在小区里和别的小朋友一起玩，看见有比自己年龄小的，要关心他们，不要和他们抢东西；如果小朋友摔倒了，要主动把他扶起来。在幼儿园也一样，看见比自己弱小的小朋友，他们有什么好玩的东西或者好吃的东西，不要讨要，更不能抢；不能以大欺小，更不能动手打他们。看见比自己弱小的小朋友需要帮助时，要主动热情地帮助。

打不还手我文明

　　随着孩子一天天长大，他所生活的环境由家庭这个小圈子变成户外或幼儿园等这样的大环境，当然他所接触的人群也会有许多与自己同龄的伙伴，这就不可避免地会与他人发生碰撞或者肢体上的接触。有的孩子生性就比较软弱或者比较老实，于是他就成了其他小朋友欺负的对象。自己家的孩子被别人家的孩子欺负，这是很多父母所不能接受的，宁可自己的孩子把其他小朋友打了，也不愿意让自己家的孩子吃一点亏。性急的父母可能会直接去找打人孩子的家长；不理智的父母就会不问青红皂白地直接介入，对打人的孩子一顿训斥，帮孩子出气；甚至有的父母会告诉自己的孩子要以牙还牙，他打你，你就打他。稍微理性的父母则可能会教育孩子要远离打人的孩子，不要跟这样的孩子玩，以这种消极的方式回避矛盾。

其实以上这些处理方式都不够明智。那么当自己的孩子被别人打了，家长应该怎么做呢？在幼儿园里，当自己所带的班级有孩子被其他孩子打了，幼儿教师又应该怎样教育呢？先来看一个小故事。

【案例】小明是幼儿园中班的一名小朋友，他的妈妈很强势，眼睛里容不得一点沙子，自己的孩子可以扬手打人，却不能吃半点亏。在她的不良影响下，小明变得越来越孤僻。

一个月前，小明把同班小丽的脸挠成了"土豆丝"，却不许小丽回家告诉妈妈。当小丽的妈妈看到受伤的女儿并问起原由时，小丽还是忍不住委屈，向妈妈说出了事情的真相，妈妈并没有急于找小明，而是耐心地安慰女儿。

俗话说，强中更有强中手，小刚在班里更是专横跋扈，恃强凌弱。

一天，因为小明不小心把小刚的一套玩具碰到地上摔坏了，小刚非常生气并动手打了小明。下午放学后，小明的妈妈看到儿子脸上有抓痕，没有问明原由，拉着小明就往幼儿园走。他们直奔老师的办公室，见到老师后不容分说，就对老师一顿指责。主班老师并没有解释什么，任由她发泄心中的怒火。等她发泄完了，主班老师微微一笑，问道："小明妈妈，您想怎么处理呢？"

小明的妈妈毫不客气地说："一定要小刚的妈妈当着全班小朋友的面给我的孩子道歉，否则这事没完！"

老师听后不温不火地说："您的心情我完全能理解，我要先向您澄清两个事实，您再做决定好不好？"

"快说！我可没有时间听你在这里啰唆。"

老师无奈地说："好吧！首先，这件事情的确是小刚不对，我在班里也做了处理，小刚小朋友也意识到了错误，并当着班里小朋友的面向小明道了歉。另外，前两天小明无缘无故地把同桌小丽小朋友的脸挠了，我让他道歉，他都不肯，还说妈妈说了只要他在班里不受气就行。最让我感动的是，小丽的妈妈知道后只是安慰了小丽，还告诉我不要和小明的妈妈讲了，都是孩子。"

老师顿了顿，继续补充道："那件事您可以问小明，我有没有夸张。"

小明微微点头，表示确有此事。

老师紧接着说："不知道您是怎么看待这两次打架事件的。现在您还坚持让小刚的妈妈必须当着全班小朋友的面给您家孩子道歉吗？"

小明的妈妈听了老师的陈述后面红耳赤，她不再提道歉的事，还向老师承认了教育方法上的不当，并表示以后一定会换一种方式教育自己的孩子。

就这样，一场风波平息了。但是风波背后留给我们的教育是深刻的。

不言而喻，当自己的孩子被打了，家长教育孩子再打回来，或者当着小朋友的面让家长道歉，这种做法肯定是不合适的。当孩子被其他小朋友打了，家长应该怎么处理呢？

1. 缓解孩子的心理压力

当孩子被别的小朋友欺负了，他很可能会产生心理上的恐惧，为自己的无能而感到伤心。这时家长切忌用语言来刺激孩子本就受伤的心灵，诸如"你真笨！""你比他还高，怎么还怕他？""他打你，你就不会打他，有妈妈在，你怕什么？"这时，家长和幼儿园教师能做的就是先缓解孩子的心理压力。比如，给孩子揉揉受伤的地方，然后问问孩子还疼吗？用语言来安慰一下："宝宝真坚强！把你打成这样，你都没哭。"随后还要告诉孩子："他打你，是他不对，再遇到这种情况，要先找老师，寻求老师的帮助，知道吗？"相信通过这样的安慰和教育，一定会释放孩子心理上的压力，同时也让孩子明白，欺负人是错误的，被人欺负不是自己的错。家长还要让孩子相信，只要有人故意欺负他，父母和教师一定不会置之不理。如果父母因为受"恨铁不成钢"的心理影响用责骂来对待孩子的懦弱，不仅解决不了任何问题，相反还会加重孩子的心理负担。

2. 帮孩子分析被欺负的原因

如果孩子连续被人欺负，还要一味地忍让，或许会让一些孩子觉得你家孩子软弱，甚至会变本加厉，这时家长就要坐下来和孩子一起找找原因了。

家长可以和孩子好好谈谈，了解他被欺负的经过和真相，然后帮他分析其中的原因。有没有自己孩子的责任？对方是故意欺负孩子，还是仅仅无意中伤害了孩子？在搞清楚事实真相后，再根据实际情况采取相应的措施。如果是孩子处理人际关系的技巧不足，就要教他必备的人与人相处的技巧；如果是孩子个性上太软弱、内向、不爱与人交流，就要设法扩展孩子的人际关系，让他活泼开朗些，比如带孩子多参加一些室外活动，多给他与人交流的机会；如果是孩子性情暴躁、活泼好动、喜欢找事，却反过来被别的小朋友打了，这就要引导孩子，改掉这些不良习惯，否则吃亏的永远是自己。

3. 教孩子学会提前规避

父母要多鼓励孩子与其他同伴交朋友，帮孩子增进人际关系。当孩子与其他小朋友相处时，父母没有必要过分保护，尽量给他多一点自己当家做主的权利，这样孩子就会对自己充满自信，就会交到越来越多的朋友。朋友多了，愿意与他交往的孩子多了，受欺负的概率自然就少了。另外，孩子回家后，父母可以设置一些小游戏，和孩子一起玩，并在游戏中有意识地训练孩子，使他在不知不觉中练成敏捷的身手，为他灵活地规避"小霸王"做准备。比如，妈妈和孩子追打着玩，妈妈假装打孩子身体的某个部位，这时要教孩子如何迅速躲避。当孩子与要好的小朋友打闹时，只要没有危险，父母就不要过多干涉。孩子之间的打闹实际上就是学习和躲避危险的最好方式。

4. 教孩子应对被欺负的方法

生性软弱的孩子在受到别人欺负时只知道退缩或者哭泣。对于这些孩子，父母要教给他们一些切实可行的解决问题的方法。比如，鼓励孩子主动向小朋友打招呼以增进友谊，扩大自己的朋友圈子，增加自己的势力范围；被人欺负时，不管对方多强大，都不要在对方面前显得弱小畏惧，这会增加孩子受欺负的可能性，而是要大声喊教师或者高声喊叫。教师的到来，能阻止攻击性孩子的行为；高声地喊叫，也能让对手感觉到一种威慑的力量，并且还可以吸引其他成人与小朋友的注意，使攻击性的孩子感受到来自周围的压力而住手。

当孩子在生活中确实受到了比较严重的伤害时，父母一定要先调节自己的情绪，想办法让自己孩子的情绪稳定下来，然后再理智地采取各种可行的措施。不依不饶地纠缠对方的父母，或者大声地训斥对方的孩子，不仅于事无补，伤害彼此的感情，使简单的事情变得复杂化，而且会影响到孩子以后正确处理问题的方法和人际关系，那样真是得不偿失。

骂人脏话不可说

语言文明是文明礼貌的内容之一。孩子每天都要说话，家长要从小教育孩子语言文明，不说脏话。

1. 父母身正为范

父母是孩子的一面镜子，是孩子的第一任老师，是孩子模仿的对象。父母平时怎样说话，孩子自然就会怎样说。所以，父母一定要注意自己说话的语气。家人之间说话要讲文明，讲礼貌，轻言细语，不说脏话，即使非常生气，也要克制自己。孩子在这样的家庭中长大，耳濡目染，文明礼貌的习惯自然而然就形成了。

2. 及时纠正错误

即使家长非常注意自己的言行，尽量不说脏话，但孩子还要上幼儿园，还要和其他人群接触，他们可能无意中模仿了别人，不自觉地说出了脏话。

【案例】贝贝一个人自言自语时，无意中冒出了一句"他妈的"。妈妈觉得很奇怪，对爸爸说："我们家里人从来不说这样粗鲁的话，孩子这样的话是从哪儿学来的？"她没有惊慌，也没有呵斥，而是耐心地询问："宝宝，刚才那句话是跟谁学的？""宝宝，你知道这句话是什么意思吗？"然后告诉贝贝，这句话不文明，以后不要说这样的话。贝贝说："幼儿园的小朋友也说了。"妈妈说："以后如果别的小朋友说这样的话，你就跟他们说，这句话不文明，我们不能说。如果小朋友不听你的劝告，你可以告诉老师。你自己保证不要说。"

3. 善于正确引导

生活中，可能会听到有人说脏话，这时家长要及时引导孩子，告诉孩子这样的话不文明，不要说。

【案例】小洁和妈妈一起去公园玩，听见身边有人说了一句脏话，妈妈连忙把小洁带到一边，告诉他："说脏话的都是不讲文明的人。我们是文明的人，所以我们不说脏话。"

只要家长采用适当的方法正确引导，孩子都能学会讲文明、懂礼貌。

第五节 幼儿礼仪早知道

礼仪是人们在社会交往活动中以一定的约定俗成的程序方式表现的律己敬人的过程，是一个人内在修养和素质的外在体现，是一个国家文明的标志。中华民族自古以来就以礼仪之邦著称。可是，现在大多数家长只重视孩子的智育，忽视了孩子的德育，对孩子缺乏礼仪教育，导致许多孩子自私自利、不尊敬老人、不尊重他人、懒惰、不讲信用……当家长意识到问题的严重性时，再纠正已经很难了。所以，家长和幼儿教师必须在幼儿时期就对孩子进行常规的礼仪教育，让孩子在实际生活中懂礼仪、用礼仪。

基本礼仪

1. 语言文明参照表

不管在家庭中，还是与别人交往，都离不开语言交流。《3－6岁儿童学习与发展指南》指出，幼儿时期的孩子，在不同的年龄段，在语言文明方面应注意以下几点（见表3.2）。

表 3.2 幼儿的语言发展目标

年龄段	测评内容	评价标准	测评结果				测评人
			很好	较好	一般	加油	
3～4岁	目视	与别人讲话时知道眼睛要看着对方。					
	音量	说话自然，声音大小适中。					
	礼貌用语	能在成人的提醒下使用恰当的礼貌用语。					
4～5岁	回应	别人对自己讲话时能回应。					
	音量	能根据场合调节自己说话声音的大小。					
	礼貌用语	能主动使用礼貌用语，不说脏话、粗话。					

（续表）

年龄段	测评内容	评价标准	测评结果				测评人
			很好	较好	一般	加油	
5～6岁	回应	别人讲话时能积极主动地回应。					
	语气	能根据谈话对象和需要，调整说话的语气。					
	讲秩序	懂得按次序轮流讲话，不随意打断别人。					
	礼貌用语	能依据所处情境使用恰当的语言，如在别人难过时会用恰当的语言表示安慰。					

注：表格参考《3－6岁儿童学习与发展指南》。

家长和幼儿教师可以参照以上表格，对孩子进行语言文明教育，不管是跟家人还是跟他人，都应该遵照以上常规。

2. 礼貌用语嘴边绕

不管是在家庭中，还是在家庭以外的任何场所，只要与人交往，都应该正确使用礼貌用语。

在家庭中，家长要给孩子做表率。家人之间要互相用敬语，并且当作日常用语。"明明，请把我的拖鞋拿给我，行吗？""谢谢宝宝！""宝宝，妈妈刚才不小心把你的画笔弄坏了，对不起！"

在幼儿园里，教师要组织孩子们进行各种活动，进行礼貌用语方面的教育，如看动画片、学儿歌、情景模拟。在日常生活中，教师更要注意让孩子们正确使用礼貌用语。

【案例】东东不小心把云云撞倒了，云云哭了，东东也吓坏了。老师走过来，微笑着说："东东，你应该跟云云怎么说呢？"东东想了想说："对不起，云云！"云云说："没关系！"老师说："这就对了。东东是不小心的，云云能原谅东东，真好！来，握个手吧，你们还是好朋友。"东东和云云握了握手，又笑着手牵手玩去了。

3. 别人生活不打扰

教师要告诉孩子，不管是在家里，在幼儿园，还是在其他场合，当别人工作时，不要随意去打扰，如果有事情请教，要征得别人的同意，才能上前询问。例如，爸爸正在书房写文章，不能跑去书房打扰，也不能大声讲话，以免影响爸爸工作；奶奶正在睡午觉，不要大喊大叫，以免影响奶奶休息。老师正在与别的小朋友谈话，不要随便打扰老师，要等老师和这个小朋友谈话结束后再说……

家长要配合教师的教育，严格要求孩子，孩子若做不到，要及时提醒，并巧妙地要求孩子向对方道歉，让孩子从小养成良好的习惯，别人生活不打扰。

4. 有事记得把门敲

不管是在家里，在幼儿园，还是在其他场所，进入他人房间，一定要先敲门，在得到别人允许的情况下，才能进入。这一点，首先家长要做到，然后再要求孩子。这是一种礼仪，也是一种修养。

5. 与人相约提前到

不管教师还是家长，都要告诉孩子，如果答应和小朋友见面，绝对不能迟到，这是最起码的礼貌。孩子从幼儿时期就受到这样良好的教育，那么他们一辈子都会这样做。

6. 做到言而有信

如果家长答应孩子，要给孩子买东西，就一定要买。这样是为了给孩子做一个好榜样，也是告诉孩子，家长是讲信用的。如果家长答应孩子做的事，没有兑现，孩子就会失去对家长的信任。同时家长也要告诉孩子，如果答应了别人的事，一定要做到。

【案例】星期天赶上了下大雨，翠翠急得快要哭了，原来她答应今天要去平平家玩。

妈妈说："我们打个电话，跟平平说一下情况，行吗？"翠翠说："好吧。"翠翠打了电话给平平："平平，我家这边下大雨，今天去不了你家了，下次再去，行吗？对不起！"平平说："那好吧！"翠翠这才放下心来。

7. 打电话要有礼貌

平时教师、家长打电话时要注意语气，注意礼貌用语。家长要有意识地让孩子学习打电话的礼仪："喂，您好！请问，您找谁？""再见！"家长可以多给孩子提供打电话的机会，让孩子在家多练习，做得不够好的地方，家长要及时纠正。幼儿教师可以进行情境模拟，让两个小朋友表演打电话，孩子们在游戏中能愉快地学会打电话的礼仪。

教给孩子这些基本礼仪，是家长和教师共同的责任。在家里，家长要做表率，提醒孩子讲究礼仪；在幼儿园里，教师要以身作则，同时也要一点一点地教给孩子，让孩子们懂礼仪，讲礼仪。

餐桌礼仪

吃饭时，家长要注意自己的行为表现，对孩子进行必要的礼仪教育。

1. 餐桌上要尊老

不管在家庭中，还是在其他的饭局上，吃饭时一定要尊敬老人。等老人坐好，等大家开始吃时再动筷，不能自顾自地一个人吃起来，那是缺乏教养的表现。

2. 饭菜不可挑

不管在什么场合，与别人一起吃饭时不能挑自己喜欢的菜一个劲地吃。

【案例】小杰最喜欢吃鸡蛋羹。妈妈知道小杰这个爱好，每次蒸鸡蛋羹时都特意多蒸一些。私下里，妈妈跟家里人商量好，不要故意把鸡蛋羹让给小杰一个人吃，越是他喜欢吃的菜，大家更要一起分享。到了吃饭时间，妈妈先舀一勺鸡蛋羹给爷爷，爷爷说："谢谢！"妈妈说："应该的。"接着妈妈又舀一勺鸡蛋羹给奶奶并说："妈，您尝尝！"奶奶说："谢谢！"妈妈说："应该的。"紧接着妈妈又舀一勺给爸爸，爸爸说："谢谢！"妈妈说："不客气！"最后，妈妈舀一勺给小杰，小杰已经等了好久。这时，小杰懂事地说"妈妈，您自己先吃吧。"妈妈把鸡蛋羹放进小杰的饭碗里，小杰连忙给妈妈舀了一勺，妈妈笑着说："谢谢儿子，你真孝顺！"小杰受到了表扬，开心极了。

3. 餐桌不乱转

【案例】小涛第一次跟爸爸到外面吃饭时，发现餐桌还可以转动，他很好奇，便不停地转，当时餐桌边还有很多客人。爸爸连忙把他带到外面，悄悄跟他说："宝宝，这个餐桌跟家里的不一样吧，还能转动，挺好玩的是吧？一会儿吃饭时，宝宝千万不要乱转动。你如果想吃什么菜，小声跟我说，我帮你转桌子，好吗？"小涛点了点头。开始吃饭了，小涛想吃肉圆，就悄悄地跟爸爸说。爸爸小声说："稍等一下，等别人夹好菜之后，咱们再转。"于是等别人都夹好菜之后，爸爸才帮他转桌子。那天，小涛的表现棒极了，全程都很安静，十分配合爸爸。回家之后，爸爸表扬了小涛，并让小涛记住这些餐桌规矩。后来，小涛再到外面参加宴会时，一直都做得很有礼貌。

4. 咳嗽脸朝外

【案例】大豪的爸爸感冒了，不停地咳嗽，就连吃饭时也咳，爸爸每当咳嗽时脸都朝向桌子外边。大豪看在眼里，记在心里。后来大豪感冒了，也伴随着咳嗽，吃饭时大豪像爸爸一样，咳嗽时把脸朝向餐桌外边。爸爸和妈妈都夸他："咱们家宝贝儿子真不错，知道咳嗽时脸朝向桌子外边，以后也要这样做啊！"

教育的极致是行为的影响，家长对孩子的影响是潜移默化的，家长的行为习惯就是孩子的榜样。榜样的力量是无穷的，时刻影响着孩子。

5. 剔牙要遮挡

【案例】爷爷已经60多岁了，每次饭后都需要剔牙，他是退休教师，非常注意自身的形象，不管是在家里还是在外面吃饭，剔牙时都用餐巾纸遮挡。刚开始，小雅不明白，不知道爷爷在干什么，就悄悄地问妈妈。妈妈温柔地告诉孩子："爷爷年纪大了，牙齿里容易塞东西，爷爷是在剔牙，用餐巾纸遮住是一种文明行为。如果我们的牙齿里塞东西了，想把东西剔出来，也应该像爷爷这样做，或者到没有外人的地方去悄悄地剔。"小雅是个细心的孩子，她记住了妈妈的话。后来，她的牙齿只要卡住东西，每次她都会悄悄地躲到没有别人的地方去剔牙。

6. 餐后打招呼

不管在什么场合，只要跟别人一起吃饭，如果自己先吃完，都要主动打招呼。例如，"妈妈，我吃好了。谢谢妈妈！你们慢慢吃！"如果是在幼儿园，要跟教师说："老师，我吃好了。谢谢老师！"如果是在别人家做客，要跟阿姨说："阿姨，我吃好了。谢谢！"

只要家长注意自己的形象，注意自己对孩子的影响，加上对孩子适当的引导，孩子一定能够学会餐桌礼仪，并形成良好的习惯。

在幼儿园，教师在指导孩子们吃饭时，要注意培养他们的餐桌礼仪，使他们文明用餐。在幼儿园就餐，具体来说，教师应该有意识地教会孩子们以下礼仪：饭前要洗手；就餐姿势端正（身体不能趴在桌子上，一手把碗一手拿餐具，保证双手在桌面上，双腿放在桌子下面，双脚尽量并齐）；口内有食物，应避免说话；吃饭时不乱跑，不直接用手抓食物；咳嗽、打喷嚏应单手掩嘴，朝向无人的一边；自己不愿意吃的菜不能放在别人的碗里，喜欢的食物和大家一起分享，不能占为己有；不挑食，不剩饭；饭后要用纸巾擦嘴、洗手漱口；用餐结束要整理餐桌。

家庭礼仪

观察一个人的行为修养，首先要看他在家庭中的表现，看他对家人的态度。家庭中的每一个人不仅要加强各方面的修养，更应该注意对孩子的教育。

1. 早起问声好

【案例】齐老师是大学教授，对于家庭礼仪非常重视。每天早上起床，齐老师见到两位老人起床了，就恭敬地问候："爸，早！""妈，早上好！"齐老师和爱人也相敬如宾，真诚地互相问候："亲爱的，早！"她见到孩子后也同样真诚地问候："儿子，早上好！"每天这样的互相问候已经形成习惯，尊老爱幼成了他们家良好的家风。

为了对孩子进行更好的礼仪教育，齐老师专门买了《三字经》《弟子规》。每天早上儿子起床以后，家里的录音机就开始播放。每天送孩子上幼儿园的路上，齐老师也会和儿子一起诵读几条。晚上孩子睡觉以前，齐老师又会和孩子一起诵读几条。

孩子在这样的家庭环境中耳濡目染，家长的示范会起到潜移默化的教化作用，礼仪的金种子会在孩子幼小的心田里生根发芽。

2. 离家要告别

家长外出前，要跟家里人打招呼，例如，"妈，我上班了！再见！""宝宝，我要上班了，再见！"家长常常这样做，孩子自然也会模仿这样做。如果孩子没有做到，家长随时提醒："宝宝，没有和奶奶说再见吧？"只要家长提醒，孩子自然就想起来了。经常这样训练，孩子就养成了习惯。

3. 回家要报告

家长下班回家后要跟家人报告："妈，我回来了。""宝宝，爸爸回来了。"如果家长每天这样说，孩子自然也会这样说："妈妈，我回来了。"如果孩子没有做到，家长可以提醒一下："宝宝，跟妈妈说你回来了。"慢慢地，孩子就会养成好习惯。

4. 睡前问晚安

每天晚上睡觉前，家里大人之间要互相问安："妈，晚安！""爸，晚安！""宝宝，晚安！"有些孩子模仿力强，只要会说话，他可能就会自觉模仿。如果孩子没有做到，家长可以稍微提醒一下："宝宝，你也要跟我说晚安呀！"强调几次之后，孩子自然就会形成习惯。

教师不能认为家庭礼仪是家长的事，教师要保持和家长的沟通，及时了解孩子在家里的表现。对于表现好的孩子，教师要提出表扬；对于表现不够好的孩子，教师要温和提醒，从而督促孩子形成礼仪规范。

幼儿园礼仪

孩子上了幼儿园，在礼仪方面要做到哪些呢？

1. 见面问声好

早上来到幼儿园，孩子见到教师要问候："老师好！"见到小朋友也要主动热情地打招呼："明明，你好！"

2. 相处要友好

教师要告诉孩子，小朋友们在一起要友好相处。如果想参加别人的游戏，要征求别人的同意："东东，我和你们一起玩，好吗？""东东，请把你的玩具给我玩一会儿，行吗？"自己的玩具要舍得和小朋友分享。别人在搭积木时，不要故意去打扰，更不能去捣乱。在幼儿园里，不能骂人，更不能打人。

3. 离园要告别

家长和教师要告诉孩子，每天离开幼儿园时，要和教师及小朋友说"再见"。作为家长，要主动联系教师，了解孩子在幼儿园是否讲礼仪。同样，如果孩子表现好，家长要给予奖励；如果孩子表现不好，家长要多教育多引导。

公共场所礼仪

公共场所也有许多值得注意的礼仪。

1.自觉排队不插队

当家长在超市购物、在取款机前取款、排队上车时，一定要遵守公共秩序，自觉排队，切不可插队。因为家长这样做，就是给孩子做榜样。同时，告诉孩子，让他也要这样遵守公共秩序。当家长看见别人不遵守公共秩序时，要告诉孩子那是不对的。

2.主动买票不逃票

乘坐公交车时，家长一定要主动买票；同时告诉孩子，如果身高达到买票的标准，必须买票。

3.主动让座风格高

在公交车上，家长要主动给老弱病残乘客让座，这是应该做的，也是做给孩子看的，更是希望孩子也能做到。这是基本的礼仪与修养。

待客和做客礼仪

家长要教会孩子怎样待客，怎样礼貌做客。

1.待客要周到

【案例】赵姐为了让女儿玲玲学会礼貌待客，星期天特意请玲玲幼儿园的同班小朋友，即她家的邻居燕子来家中做客。燕子来了，赵姐笑着说："燕子，你好！请进！欢迎你来我家玩！"燕子进来之后，赵姐请燕子坐到沙发上说："燕子，你是喝白开水、饮料，还是牛奶？"接着，赵姐又说："燕子，这里有水果，你吃吧！"之后，赵姐就让燕子和玲玲一起玩游戏。到了吃饭时间，赵姐要留燕子吃饭："燕子，今天就在我家吃饭吧？"燕子一定要回家，赵姐就不好挽留，于是说："那好吧，欢迎你下次来玩！"她们把燕子送到门口说："燕子，再见！"

第二个星期天，赵姐又请燕子来家中做客，这一次赵姐故意说自己很忙，请玲玲招待一下燕子："玲玲，你还记得上次妈妈是怎么做的吗？"后来，赵姐又请别的小朋友来家中做客。经历了几次练习之后，玲玲终于能够熟练地记住待客礼仪了。现在，不管是什么客人来家里，玲玲都能够像大人一样礼貌地接待。客人们都夸玲玲太懂事了。

2. 做客有礼貌

待客时要周到，做客同样要注意讲礼貌。

【案例】玲玲掌握了待客之道之后，赵姐又特意带玲玲到朋友家做客。出门之前，赵姐就跟玲玲说了一些做客礼仪：进门之前要敲门，见到主人要问好；主人倒水要用双手接住；在主人家不要随意翻东西，不要问东问西，不要随意走动；同主人告别时要说"再见"！到了朋友家，赵姐很随意地和朋友谈话，暗地里观察玲玲的表现。回家之后，赵姐表扬玲玲做得棒极了！后来，赵姐又经常带玲玲到别人家做客，玲玲成了人人夸的好孩子！

礼仪教育关系到孩子未来的品德修养。孩子在幼儿时期受到良好的礼仪教育，懂得尊重他人、理解他人、关心他人，形成各种良好的行为习惯，逐渐形成健全的人格，长大以后必定会成为一个素质高、有教养的人。这样的人懂得尊重他人，也会受到他人的尊重，未来的人生会更加美好，生活更加幸福，事业更加辉煌。

第四章

幼儿期是培养
孩子良好性格的关键时期

幼儿时期，是培养孩子良好性格的关键时期，本章将主要介绍如何培养真正快乐、懂得分享、独立性强、诚实守信、善于协作的孩子。性格良好的孩子，将来更容易成功。

第一节　您的孩子真正快乐吗

快乐是人类精神上的一种愉悦，是一种心灵上的满足，是由内到外感受到一种非常舒服的感觉。但很多家长对快乐的含义并不真正理解。不少家长注意到了愉悦和满足这两个要求，抱着"再苦也不苦孩子"的思想，在对待孩子个人的需求时想尽一切办法满足孩子的欲望。

快乐是一个复杂的问题，它直接影响孩子的一生。中国的父母无不用自己的全部心血为子女铺垫成功之路，但满意的父母少，失望的父母多。为什么会如此呢？无数个失败父母的案例告诉我们：中国的父母大多仅用自己的成长经验在教育孩子。一旦为人父母，没有意识到应主动去学习现代教育学、心理学等知识，那么孩子一起步便输在了家长的无知上。因此，以孩子的年龄特点与心理特点为前提来要求和引导孩子，是家长必须好好研究的学问。

每个家长都想让孩子快乐，而如何让孩子快乐又是一个具体而又特殊的问题。快乐没有模式，没有统一的答案，我们只能从生活中的具体问题一点一点分析。

家长、教师要真正懂得孩子

在这个世界上没有两个思维完全一样的人，家长、教师与孩子的思维相差更多。孩子与教师或家长对快乐的理解并不一样，家长和教师不能以大人的眼光来理解孩子的快乐，应该从孩子的角度去考虑问题。孩子认为与小朋友准时去玩是一种快乐，而家长或教师则认为晚一会儿也没事；家长或教师认为孩子之间的矛盾没什么事，而在孩子的心里则是一件大事；孩子会根据自己的喜好去选择衣服，而家长则会从整体效果去考虑……这样的例子太多了。事实一再证明孩子跟家长的想法并不一样，家长若想让孩子真正快乐，就必须从孩子的角度去考虑问题。

【案例】苗苗捡到了一片树叶，旁边的昂昂力气比苗苗大，把树叶抢了过去，苗苗很不高兴，急得大哭。苗苗奶奶在旁边一看，急了："这孩子，怎么这么小气，一片树叶算啥，这地上到处都是。我再给你捡几片更好看的。"苗苗哭得更厉害了。这时，昂昂的妈妈走了过来，问清了原因，将树叶从昂昂手里拿了过来，递给苗苗，苗苗破涕为笑。昂昂的妈妈对不明就里的奶奶解释："在苗苗的心里，这片树叶是她捡到的，就是她的，任何人都不能抢走。这片树叶在我们大人眼里什么都不是，但是在苗苗眼里却是大物件啊。"奶奶恍然大悟。

正如昂昂的妈妈所说，在家长看来是小事，在孩子的眼里却是惊天动地的大事。所以，家长千万不要认为自己经验丰富，可以揣摩小孩子的心理，从而简单地去处理孩子的事情。家长往往就在不经意间用简单粗暴的处理方式，伤害了孩子的自尊，忽视了孩子的情绪。

教师也不要以成人的眼光来看待孩子，孩子就是孩子，要站在孩子的角度去体味孩子的世界，这样才能捕捉到孩子的敏感情绪，才能给予孩子更多的快乐。

【案例】童童每天来幼儿园的时候，都穿着一条有小破洞的旧裤子。欣欣老师不解地问："童童，你怎么每天都穿有洞洞的裤子啊？"童童低着头不说话。"是你自己要穿的，还是妈妈给你穿的啊？""是我自己。"老师问了好久，童童也没有说原因。后来跟童童妈妈沟通，才知道童童要穿这条裤子的原因：第一，裤子有了小洞洞，显得很帅，那就是洞洞裤了；第二，童童特别好动，经常会把衣服弄坏，这条裤子已经坏了，若又弄破了，妈妈就不会批评他了。

这就是孩子眼中的快乐。童童喜欢的就是破裤子，穿破裤子就是快乐的，这和大人的认识完全不一样。从这个案例中可以知道，教师必须将自己当成幼儿，才能体会孩子的心情，体味他们的世界。

每个孩子的快乐方式不一样

每个人都是一个特殊的个体，这就决定了每个孩子也都有其特殊性，其快乐的方式也会不完全一样。有的孩子喜欢枪这类的玩具，有的孩子喜欢车这类的玩具，有的孩子喜欢玩棋类游戏，有的孩子喜欢跳舞……有的人可能要问，同样喜欢下棋的孩子快乐相同吗？不尽然，因为在具体下棋的过程中每个孩子的具体体会是不一样的。即使是高兴，其高兴的程度也是不一样的。这样就需要家长和教师尊重孩子的快乐方式，根据每个孩子的特点去选择孩子喜欢的方式。

【案例】笑笑喜欢跳舞，但是她的妈妈有一个未实现的梦想，就是想登上舞台演奏钢琴。于是，她天天送笑笑去钢琴培训班，笑笑苦不堪言，天天皱着眉头练钢琴，练得很辛苦，但是进步不大。

笑笑的妈妈没有尊重孩子，自己没实现的理想希望女儿去替她完成，给女儿施加压力，这是极不应该的。很多家长都是这样，自己不会飞翔，没能变成雄鹰，就想了个最简单的办法，下个蛋孵出小鸟，然后命令小鸟去拼命飞，也不管这只小鸟到底是不是喜欢飞翔。

对幼儿教师来说，更要充分认识到每个孩子的个体差异，不能按照同一个标准来衡量孩子，要尊重每个孩子不同的需求，孩子才会觉得幸福。因此，这就要求幼儿教师要特别细心、耐心。

【案例】璐璐老师是个了解孩子，给孩子们真正快乐的好老师。每天，她都要保证孩子们自由活动的时间，实行玩具开放。她组织孩子们自由活动，让孩子们自由选择玩具、自由结伴，按自己的喜好和意愿进行游戏，如攀岩墙、打拳击袋、欢乐跳跳棋、荡秋千、桌面拼插玩具等游戏与活动。孩子们玩得十分开心。在这种游戏与活动中，孩子们的合作能力、创造能力得到了充分挖掘；而且每一次活动，孩子们都积极参与，充分体验到了成功的喜悦。

她还充分利用日常生活小物件，开展丰富多彩的游戏活动，开发孩子们的智能，培养孩子们的独立生活能力。她组织孩子们开展了扣钮扣、系鞋带、扎蝴蝶结、梳小辫等活动，孩子们都积极、认真地参与活动，玩得乐此不疲。孩子们不但玩得开心，还锻炼了他们的动手能力。有时，她还准备旧纸板、废布料，开展拼布块、做钱包、钉钮扣、缝衣裤等游戏；她还提供布娃娃，让孩子们为布娃娃穿衣服、绣花被、织围巾等。通过这些游戏，不断提高孩子们动手动脑的能力。

给孩子搭建舞台

孩子自我表现的欲望很强，何不给孩子创造机会表现一下？如果孩子喜欢讲故事，就鼓励他多讲故事给大人听。如果他对数字很擅长，就带着他去逛街，让他根据价格帮大人挑选合适的东西。这个舞台就是孩子展示自己的机会，也是孩子最快乐的时候。

给孩子的舞台有多大，孩子就可以创造多大的奇迹。只要是孩子喜欢做的事情，便不觉得辛苦，便会从中收获快乐。

【案例】萌萌是个喜欢认字的女孩，最初认字是从家里的图片、户外的广告牌开始的。妈妈意识到孩子的喜好之后，就不断给萌萌寻找识字的机会，只要一有机会，就指导孩子识字。不到5岁，萌萌已经认识了2000多个常用字，而且会读简单的书报。每当有亲戚来家做客，妈妈就会让孩子表演一番；每次外出的时候，妈妈也会带上一张报纸，让孩子在公众场合读一读。这样，萌萌识字的兴趣更浓厚了。

妈妈对萌萌的教育和引导是非常成功的，妈妈了解了孩子的特质，并进行了有意识的培养，给孩子提供了学习的场所、展示的机会，在孩子心里种下了爱学习的种子，让孩子享受学习的过程，享受学习带来的快乐。

让孩子快乐是家长的心愿，家长给孩子一个舞台，就能让他更快乐，更好地成长。

教师要想更准确地了解孩子的情况，一定要保持和家长的沟通，了解孩子在家的表现，并结合其在幼儿园的表现，因材施教。更重要的是，幼儿教师要有足够的爱心和耐心，给予孩子更多的关注，这样才能让孩子体会真正的快乐。

第二节　会分享的孩子更快乐

学会分享不仅是一个孩子从小就应学习的美德，也是重要的社交能力之一。独生子女大多数以自我为中心，这是祖辈和父辈共同"宠"的结果。家人对孩子过多保护、迁就，孩子只知道"独占""独享"。

请看下面这些场景：在幼儿园里，一个小女孩紧紧地抱着一个漂亮的布娃娃，用警惕的眼神注视着旁边的小朋友，她最担忧的是谁触碰了或者抱走了她的布娃娃，沉浸在"独占"布娃娃的世界里，没有享受布娃娃给她带来的乐趣；家里来了一个小朋友，孩子紧紧关着自己的房间门，家长怎么叫都不出来，因为他担心来的这个小朋友会玩他的玩具，吃他的零食；在游乐厅里，一个小朋友在摇摇车旁边大哭大闹，他最喜欢的红色摇摇车上已经坐着一个小朋友……这些场景谁都不陌生，这些孩子的共性是以自我为中心，不懂得分享，不懂得交朋友。他们的快乐仅仅是占有的快乐和拥有的快乐。

幼儿分享行为的发展，是幼儿建立良好的伙伴关系、形成健康个性的基础。让孩子学会与人分享，需要教师与家长的耐心教导。作为家长，要从以下几个方面去引导幼儿。

父母注意言行，做好榜样

家里的每个人都要相亲相爱，晚辈孝顺长辈，长辈关爱晚辈，夫妻之间更要亲密和谐。孩子在这样的家庭氛围中会受到潜移默化的影响，也能学会关心家人。先以一个案列说起。

【案例】金娜初为人母，女儿贝贝 3 岁。她很爱贝贝，让贝贝先吃好吃的。金娜总是拣最红最大的苹果削给贝贝吃，总是挑出最圆润最有光泽的板栗给贝贝，总是挑出裂口最大的开心果给贝贝……总之，不管什么好吃的，金娜都把最好的给女儿。

久而久之，贝贝对父母、祖父母都没有礼貌。有一次，家里来了客人，吃饭的时候，贝贝看见桌子上有她最喜欢吃的香肠，直接用手就从盘子里拿；后来，妈妈端上了一盘炒鳝鱼，贝贝端起盘子一股脑儿倒进自己的碗里。一家人尴尬地在旁边陪着笑。

其实，贝贝就是被家人宠成这样的。在贝贝的意识里，她就是家里的宝，也是全世界的宝。这样的孩子长大后比较自私，不受欢迎。

金娜除了过分宠爱贝贝，她也没有以身示范，没有好好孝敬老人。好东西应该先孝敬老人，然后再给贝贝吃。所以，父母要给孩子做榜样。

为了给孩子做榜样，父母一定要从自身做起，做一个孝敬父母的人。不要让孩子独享家里的美食，美食要分享。比如，家长可以要求孩子给大家分美食，先奉给老人，再给父母，最后给自己，一家人其乐融融地分享美食，这既是生活中最美好的时刻，也是对孩子最好的教育。有什么样的父母，就有什么样的孩子。因此，父母一定要身先力行，要求孩子做到的自己先做到。

特别是夫妻之间，更要亲密无间。即使有矛盾，也不能当着孩子的面吵架，要积极想办法解决矛盾。有了困难，夫妻共同商量，同心协力解决问题。当然，祖父母也要关心晚辈，让孩子感受到祖父母对父母与自己的关爱。创设和谐亲密的家庭氛围，会让孩子觉得安全、舒适，让孩子从家人的相处模式中懂得如何与他人相处。

不仅家人要相互关爱，懂得分享，而且邻里之间、亲朋好友之间也要互相分享。家里有了什么土特产，旅游回来带了礼物，要和邻里、亲朋好友分享，让孩子更加懂得，分享是一种美德。

此外，家长要注意引导孩子去分享。比如，事先准备好一些玩具，让孩子邀请小朋友一起玩游戏。

【案例】冰冰在小区的草地上搭积木，从旁边过来一个小朋友玲玲，眼睛一直盯着冰冰的积木，冰冰发现后并不理会，而且转了个方向继续一个人玩，生怕玲玲碰他的积木。妈妈见状问冰冰："冰冰，这些积木可以搭成一个大大的城堡，你愿意搭成大城堡吗？"冰冰点头。妈妈说："哎呀，我也忘记怎么搭了。上次我看见玲玲和她妈妈搭建了一个大城堡，可漂亮了。我们让玲玲来教我们，好吗？"冰冰点头答应。于是，冰冰的妈妈陪着两个小朋友搭建了一个大大的城堡。

晚上快要回家的时候，妈妈又对冰冰说："冰冰，这个城堡漂亮吗？"冰冰高兴地点头。"你们两个伟大的工程师和城堡来一张合影，好吗？"两个小朋友很开心地站在城堡前合影。回家后，妈妈翻出那张照片并问冰冰："冰冰，今天的城堡为什么这么漂亮啊？"冰冰说："因为有玲玲帮忙啊。""是啊，人多力量大。冰冰，你有没有觉得今天比平时一个人玩玩具要开心呢？"冰冰主动说："明天，我还要和玲玲一起玩玩具。""冰冰长大了，懂得和小朋友一起玩玩具了，这就是分享。分享会让我们更快乐、更开心。明天，我们不但要将玩具带出去，还把零食带出去和玲玲分享，好不好？"冰冰连忙说："我要把酸奶带一瓶给玲玲。"

冰冰的妈妈发现冰冰不愿意与其他小朋友分享合作后，并没有采取简单粗暴或命令的方法，而是慢慢地引导孩子，让孩子体验分享的快乐，懂得分享的重要性。

因此，家长在引导孩子和其他小朋友玩耍的时候，不能强求，要多想办法，多鼓励孩子，让孩子感受到分享的乐趣，这样他在以后才愿意和他人分享。

教师要培养孩子学会分享

作为幼儿教师，班级里那么多孩子，更要注意培养孩子们分享的美德，这样，一个班级的孩子会更团结友善，同时也会帮孩子们形成健全的人格。

教师可以利用幼儿园的集体环境和教育情境来帮助孩子们学会分享。教师只要做一个有心人，就可以利用各种契机对孩子们进行教育。

教师可以利用教育活动帮助孩子们学会分享。在手工制作的时候，教师可以将孩子分成几组，让孩子们分组活动；分发材料的时候也可以轮流让孩子们发放，培养孩子们团结协作的精神与分享的美德。教师还可以给孩子们讲故事，让孩子们从故事中懂得分享是一种美好的品质。

教师还可以为孩子们创造分享的机会。教师可以在班级设立分享日：礼物分享日，让孩子们将礼物带到幼儿园，全班孩子一起分享；生日分享日，每月过一次集体生日，过生日的小朋友接受大家的祝福，然后全班小朋友一起分享生日蛋糕；快乐分享日，每周利用一定的时间，让孩子们分别讲述这一周最快乐的时刻，与大家一起分享，不仅可以锻炼孩子们的口语表达能力，也可以通过引导，让孩子们明白一起分享会更快乐。偶尔有的孩子会不开心，教师也要重视，认真听听这个孩子为什么难过，其他孩子要安慰这个难过的孩子，让他开心起来，让孩子们知道，难过的事说出来就无影无踪了。

教师也要在班级为孩子们树立榜样，进行引导。

【案例】有一次，丁丁抱着布娃娃，当当在给布娃娃打针，他们在玩过家家的游戏，场面既有趣又温馨，老师发现后当即用手机录了下来。之后老师给孩子们讲述了这个故事，并把拍的视频放给孩子们看，同时表扬了丁丁和当当团结合作，分享玩具。这样就给大家树立了榜样。从此这个班的小朋友们玩玩具时学会了分享，也没有抢别人玩具的行为了。

身边的榜样最能给孩子积极的引导，他们都愿意效仿。若班级有自私的孩子，教师没有对其恰当引导，也会对其他孩子产生不良影响，很多孩子会效仿这种自私的做法。

生活即教育，当孩子递给教师一颗糖果，教师不要拒绝，而是高兴地接过来，开心地吃下，并表扬这个孩子的行为，让他体验到分享的快乐，同时也教育了其他孩子。所以，教师要抓住每一个机会正确引导孩子。

会分享，是孩子一生的财富，不管是家长还是教师，都要培养孩子乐于分享的美德。

第三节　独立的孩子更能干

教育专家认为，生存教育的根本就是独立性的培养，独立性主要包括独立意识和独立能力，独立性的培养要从小抓起。怎么培养孩子的独立性呢？我们需要先了解孩子成长过程中的身心发展规律。

人类的成长和其他动物相比很漫长，要经过很长的依赖期。在婴儿期，很多孩子不能将自己和周围的世界分辨开来。1 岁左右的孩子，在迈开人生第一步的时候，眼睛掩饰不住对这个世界的惊喜和好奇，这是身体独立能力的最初展示。随着年龄的增长，孩子的自我意识逐渐形成，当孩子学会说"我"的时候，意味着独立意识的形成。当孩子开始和周围的环境积极互动时，这是培养孩子独立意识和独立能力最为重要的时期。到了 3 ~ 4 岁的时候，孩子的自我控制能力和协调能力增强，可以自己练习穿衣、穿鞋，孩子学会这些后，就可以让孩子学着收拾床铺、摆放碗筷、收拾餐桌等。

只有掌握了孩子身心发展的规律，家长才能科学地对孩子进行培养，提高孩子的独立能力，增强孩子的独立意识。作为家长，可以从以下几方面去培养孩子的独立性。

带着欣赏的眼光看待孩子的行为

在孩子独立意识的发展期，家长要及时放手，让孩子独立去做他感兴趣的事。比如前面提到的穿衣、摆放碗筷、摘菜洗菜、扫地拖地、浇花、喂养小动物等。

当然，孩子会不断闯祸：弄坏衣服、摔碎碗盘，让花草或者小动物受"折磨"……但是，不管孩子做得如何，家长都不能责怪，要表扬孩子愿意学习、乐意劳动的行为。这样的鼓励，对培养孩子的独立意识有重要意义。

家长除了表扬外，还要给予孩子一些必要的指导，让孩子能从失败中懂得如何做才是正确的；要让孩子懂得只要肯努力，肯学习，肯改正，就一定能获得成功，这样孩子就会更加自信。这种美妙的感受很重要，可以助力孩子发展独立意识。

家长切忌一看到孩子做得不够好，就去包办代替，这是剥夺了孩子再次尝试的权利与学习的机会，这样孩子就会唯唯诺诺，不敢轻易去尝试，从而逐渐丧失了独立意识。

作为教师，更要有一双明亮的眼睛，发现孩子身上的闪光点，及时表扬，让孩子们被认可，那样他们会更加积极向上。

【案例】林老师特别善于用夸奖的方式来培养孩子们的独立意识。大伟一进教室，林老师就夸奖大伟："小朋友们，今天大伟是自己穿衣服的哦。好能干的大伟啊，老师为你点赞！以后小朋友们都要向大伟学习，自己的事自己做。"这是大伟初入幼儿园，林老师为了培养孩子们的自理能力而设计的一个小插曲。

上手工课的时候，林老师教大家做一面小红旗。很多小朋友心灵手巧，一下子就完成了。但是，有几个小朋友拿着纸，跑到林老师面前说："老师，您能帮帮我吗？"林老师并没有直接帮忙，而是对小朋友们说："我知道，我们都很能干、很聪明，只是担心自己做得不够好看，因此要老师帮忙的。小朋友们，只要是自己做的作品，就是最美的。老师相信你们一定能自己做好，快去自己完成，好不好？"听了老师的话，孩子们纷纷离开，去独立完成小红旗。接到这些孩子的作品后，林老师表扬道："小朋友们太棒了，都能独立完成。只要小朋友们敢于动手，没有完不成的事。你们几个小朋友值得我们所有小朋友学习！"从此，上手工课时，孩子们都不再来请老师帮忙了，都能独立完成。

在培养孩子独立性的过程中，不可急于求成，不可对孩子的发展做出过高的、不合理的要求，也不能因为孩子一时没有达到要求就横加斥责，而要多加鼓励。教师还可以在保证孩子们安全的前提下，放手让孩子们去做力所能及的事情，并适时提供适当的帮助和指导，适时夸奖，让孩子们享受成功的喜悦。

给孩子空间和时间，让孩子独处

家长们可能会认为，孩子年龄小，一定要时刻陪伴着。其实，孩子的独立意识和能力的培养需要相对自由的时间和空间。

【案例】"妈妈，我想去房间里玩玩具，可以吗？"丫丫仰着小脸问妈妈。"当然可以啊！"妈妈答应得很爽快。

丫丫蹦蹦跳跳地去玩玩具了，她就想避开妈妈，因为她想和芭比娃娃说说心里话。她想像妈妈抱着她一样，给芭比娃娃当妈妈，但是又担心妈妈笑话她。虽然丫丫只有3岁，但是想法不少。

她抱起芭比娃娃，给芭比娃娃梳头。突然"砰砰砰"有人敲门，她很不情愿地开了门，一看是妈妈，问："妈妈，有事儿吗？"

"哦，我来找你的脏衣服。"妈妈说完就出去了。其实，妈妈只是不放心，找个理由来看看。

"妈妈，再不许进来了啊。"丫丫对妈妈说。

可是，妈妈依然没有这样做。过了5分钟，又"咚咚咚"敲门，然后进来看看丫丫在做什么。这时，丫丫不耐烦了，赌气地放下芭比娃娃，出去看电视了。

丫丫本想和芭比娃娃度过一段快乐的时光，结果被妈妈破坏了。妈妈若意识不到这一点，就会处处对女儿影响和干预。孩子没有独立的空间和时间，便没有独立思考的机会，也就更谈不上独立思考的能力和习惯了。

孩子也需要相对独立的空间和时间，他们会利用这段时间做自己想做的事情。独处可以让孩子快速成长，增强独立性。很多家长由于缺乏对孩子的信任，不懂孩子的心理，让这些机会白白流失了。家长若一味地为孩子安排时间，从不让孩子离开自己的视线，这样孩子会永远缺乏独立性，因为他们有依赖性。

教师可能注意到了这样一种情况：全班在组织活动时，总有一两个孩子沉浸在自己的世界里，不参与班里活动。遇到这种情况时，教师要耐心询问孩子内心的真实想法，若孩子希望自己单独待一会儿，要尊重孩子，不能破坏孩子的独处环境。

鼓励孩子发现问题，引导孩子寻找答案

年幼的孩子总是不停地问问题，这是因为他们对这个世界好奇。提出问题永远比答案更重要。能发现问题的孩子就是能独立思考的孩子。

孩提时代絮絮叨叨的孩子长大后就沉默不语了，这是因为孩子那张时常问问题的嘴被大人给"堵住"了。对待孩子绵绵不绝的问题，家长的反应就是"哦。""嗯！""哎呀，你怎么这么多问题啊！""歇歇吧，不知道你的小脑瓜整天在想什么"……孩子很敏感，感受到了家长对他们所提问题的漠视和不喜欢，渐渐地不再问问题了，对这个世界也就不好奇了，也就不独立思考了。这样做就让孩子养成不独立思考的习惯了。

孩子提出了问题，家长不要敷衍，更不要立即告诉孩子答案。虽然这样做方便省事，但是孩子却少了探究的乐趣和思考的过程，久而久之就会失去思考的主动性和独立性。

【案例】"妈妈，冬天时叶子怎么都落了啊？"孩子问妈妈。"哎呀，宝贝，你看你冬天都穿棉袄了，是不是？天太冷了，叶子也怕冷啊，因此就落了啊。"妈妈不假思索地回答。"哦，叶子是因为怕冷而落下来了，那么冬天的时候，我们的头发怎么不掉呢？"妈妈被问得哑口无言了，于是转移话题："就你问题多，而且问题很奇怪，老是问。"孩子紧闭嘴巴，什么都不说了。

其实，孩子提的问题，有时需要家长从科学的角度来解答。妈妈虽然不能直接给出答案，但完全可以引导孩子自己去找答案，说不定还能激发孩子对植物研究的兴趣呢。或者直接告诉孩子："妈妈也不知道，回家一起寻找答案吧。"案例中妈妈对自己答不上来的问题随便跳过，容易导致孩子失去思考与探索的热情。

幼儿教师也要注重孩子独立性的培养，因为独立性关系一个人一生的发展。教师培养孩子的独立性，具有得天独厚的条件，可以在活动中抓住契机，培养孩子的独立性，让他们成为独立自主、具有健康人格特征的现代儿童。

【案例】筱雨老师是大班的主班老师，她特别注意用巧妙的方法去激发孩子们探讨的兴趣，在活动中让孩子们放开手脚，自己玩，自己发现，自己总结。

为了让孩子们探索物体的沉浮，筱雨老师在科学角里放了很多小物件：铁块、木片、小玻璃瓶、牙膏皮、塑料玩具……并且还准备了一盆水。朋朋感到很好奇，来到老师身边说："老师，您在做什么？"筱雨老师故作神秘，没有立刻回答他，而是向水里丢了木片和铁块，并自言自语地说："真奇怪，木片浮在水面上，铁块沉到水下面了。"朋朋和另外一些小朋友被深深吸引了，纷纷向水里丢东西，筱雨老师让他们尽情地丢，丢完了再引导他们观察总结哪类物体能浮在水面上，哪类物体会沉到水底，并探讨其中的原因。

孩子们兴趣盎然地探讨着，热烈地议论着。萌萌说："老师，这两个都是牙膏皮，怎么一个浮，一个沉呢？"筱雨老师装成不解的样子，看了看牙膏皮。大家都盯着筱雨老师手里的牙膏皮，突然琦琦说："有个牙膏皮卷起来了，有个牙膏皮是平的！"在筱雨老师的引导下，孩子们明白了很多科学道理。

第四节　培养孩子诚实守信的品质

诚信就是不说谎话，说到做到。不但父母喜欢诚信的孩子，这个社会也更偏爱诚信的人，所以诚信的人更容易成功。因此，家长应从小开始对孩子进行诚信教育，让诚信伴随孩子健康成长。

以身作则，诚信守约

不管是家长还是幼儿教师，都要注意以身作则，做到诚信守约。《韩非子》里有一篇《曾子杀猪》的短文，大意是：

曾子的妻子要出门，小儿吵着要跟去，妻子于是说："你别去了，我回来后杀猪给你吃。"妻子回家后，看见曾子准备杀猪，就说："我只是和孩子开个玩笑。"曾子说："夫人，这可不能开玩笑啊！孩子不认为你是在和他开玩笑。孩子没有思考和判断能力，需要向父母学习，听从父母给予的正确教导。现在你欺骗他，这就是教孩子骗人啊！母亲欺骗孩子，孩子就不会再相信自己的母亲了，这不是教育孩子的正确方法啊。"于是曾子把猪杀了，把肉煮好后端给孩子吃。

"曾子杀猪"的故事告诉我们：父母要做孩子的榜样，家长的一言一行都会对孩子产生深远的影响。教育孩子做一个诚信的人，首先家长要做一个诚信的人，即使是不假思索的许诺，也要及时兑现。

因此，家长一定不要撒谎，不管是大事还是小事，因为这些言行都会深深刻入孩子的脑海中，给孩子造成误解：撒谎不是大事，是平常的小事。

【案例】奶奶牵着孙女的手去幼儿园，在路上孙女看见一个漂亮的风筝，叫嚷着："我要风筝，我要风筝。""我先送你去幼儿园，我现在没带钱，等回家拿了钱再来给你买，好不好？"哪知孙女并不买账，哭嚷着："奶奶有钱，奶奶带钱包了。"原来，奶奶不想给孙女买东西时，总会说我现在没带钱。

大人有时认为小孩子好哄骗，可以随便承诺。其实，家长不经意的一句谎话，对孩子会产生非常大的负面影响，即在他们的眼里，说谎是一种平常的举动，自己也可以这样去做。家长为了一时的"太平"而撒谎，这样做其实就是在教孩子学会撒谎。撒谎虽然会带来短时间的好处，却让孩子养成了撒谎的习惯。

慎重对待诺言

家长一定不要随便对孩子承诺什么，因为"轻诺必寡信"，若随便许下诺言，就会很容易失信。若许诺了就要兑现；万一许下了无法立即实现的诺言，也要想办法补救。

【案例】一个孩子摔倒了，大哭不止。奶奶狠狠地跺了几脚地，装作很生气的样子说："哼，将我的小孙子摔倒，待会儿让爷爷拿个锄头，将这块地挖了。"很显然，这是无法兑现的承诺。

大人一定不要许下诸如此类的承诺。不然，以后在孩子面前说话，孩子都会不当回事，认为大人只是说说而已。

当家长对家人或朋友许下诺言后，一定要遵守诺言。特别是对孩子，承诺的事情一定要合情合理，自己能够做到，一旦承诺了，就必须兑现。如果确实因为特殊原因不能兑现，应该实事求是地向孩子说明情况，争取孩子的谅解，并且改期兑现。切不可因为是对自己的孩子，觉得兑现不兑现无所谓，那样就会给孩子留下不好的印象，让孩子从此不再信任家长，也会导致孩子自己不遵守诺言。

【案例】云云的爸爸答应周末带她去公园玩，可那一天正好公司有要紧的事，走不开。这时，他首先把工作上遇到的紧急情况向云云如实告知，得到她的理解，然后和她商量换个时间再去公园玩。整个过程中他一直用温和的语气和云云商量，云云感觉到爸爸对自己的尊重，所以很快就理解了爸爸，并答应了他的建议。

从这个案例中可以看到，如果许下的承诺无法兑现，家长需要及时采取补救措施。假如家长对孩子有承诺，可是单位临时有出差的任务，怎么办呢？在这种情况下，家长绝对不能一走了之，而是要向云云的爸爸学习，好好和孩子沟通："宝宝，这个周末妈妈要出差，不能带你去公园了，对不起，妈妈无法兑现这个承诺，这是妈妈的错。但是妈妈不去出差是不行的，这会影响我们单位的工作。今天放学后妈妈就带你去你喜欢的地方吃好吃的，好好陪你一晚上。等妈妈出差回来，再带你去公园好好玩，好不好？"如果家长用这样商量的语气和孩子说话，哪个孩子会不给面子呢？

家长除了自己要慎重对待诺言，还要教育孩子慎重对待自己许下的诺言。对孩子承诺别人的事，家长要负责监管，提醒孩子信守承诺。

【案例】小乔答应周末去其他小朋友家玩，可是那天突然下起了大雨。小乔的妈妈说："这么大的雨，出门太不方便了，我们不去了。"她们并没有打电话告诉那个小朋友，那个小朋友在家空等了一天，非常失望，最终不再信任小乔。

小乔妈妈的做法是不可取的，她在变相暗示小乔，她的承诺不过是随口说说而已，能不能认真遵守并不要紧，这实则是在进行反面教育。她应该引导小乔给小朋友打电话解释一下，取得小朋友的谅解。家长有责任帮助孩子养成诚信守约的好习惯，这样孩子长大以后才会成为一个诚实守信的人。

幼儿教师更要做到"言必行，行必果"，给孩子一个印象，教师说一是一，说二是二，从不撒谎。若教师说话不算数，孩子就会认为，说谎是正常的，不是原则上的问题。

【案例】小朋友淡淡因受了委屈，在教室里大哭大闹，怎么安慰都不行。青青老师说："不哭了不哭了啊，老师明天给你买个奥特曼，好不好？"淡淡摇摇头。老师又说："你要什么，我明天给你买。""我要个挖掘机。"

淡淡提出了要求。"好好好，一定、一定。不要哭了啊，宝贝。"淡淡马上止住了哭声。青青老师以为这件事就结束了。没料到，隔了几天淡淡缠住青青老师问："老师，我的挖掘机呢？"青青老师忽然才意识到自己曾经许过这样的诺言。于是，她抽空给淡淡买了个挖掘机玩具。

从那以后，青青老师不再随便许诺了。她说："轻诺必寡信是真理啊，在幼儿园小朋友面前更不能轻易许诺，因为孩子都会当真。我们对孩子许下了诺言，就一定要实现，不然孩子就不再信任老师了。"

其实，我们担心的不仅是孩子不信任教师，更担心的是自己不守信用的行为会影响孩子。所以，幼儿教师要特别注意，不要轻易许诺，只要承诺了孩子，就要及时兑现，做一个信守承诺的人。

用诚信故事引导孩子

家长要借助故事教会孩子一些诚实守信的道理，在孩子心中播下诚实的种子。幼儿的年龄小，家长要把道理形象化、趣味化，孩子才能理解并接受。

【案例】雅翎和奶奶在小区里玩，结果衣服被树枝刮了个小洞洞。回家后妈妈见雅翎衣服破了，问："你衣服怎么破了？"雅翎想都没想，就回答说："是奶奶给我剪破了。"妈妈见雅翎说谎，本来很生气，后来细细想了下，就给雅翎讲了一个《手捧空花盆的孩子》的故事。讲完后，妈妈问雅翎："雅翎，你说国王为什么把王位传给那个种子没有发芽的孩子？"雅翎说："是因为他诚实，种不出来就种不出来，而其他的孩子都骗了国王。"妈妈顺势引导雅翎："是啊，我们要向那个诚实的孩子学习，不要骗人。"

雅翎妈妈教育孩子的方法很艺术，让故事来引导女儿成长。孩子都喜欢听故事，家长们要学着通过讲故事进行说教，讲一个故事有时比苦口婆心的效果更明显。家长要向雅翎妈妈学习，用故事来引导孩子成长，这样比单纯的说理更能让孩子接受。比如，家长可以给孩子讲《狼来了》《烽火戏诸侯》等有关诚信的故事，让孩子在故事中明白道理，知道什么叫诚信，怎么做才是诚信的行为。

幼儿教师要做一名会讲故事的教师。教师应该多给孩子们讲一些诚信的故事，让孩子们明白诚信的重要性。对孩子们来说，特别喜欢发生在教师身上的故事,教师可以讲讲自己儿时的有关诚信的故事,让孩子们从中受到教育。

【案例】有个小朋友不小心将"图书角"的绘本撕破了一道口子,不敢承认。郑老师于是给小朋友们讲了一个关于她小时候的故事。

小时候,我特别胆小,做了错事,根本不敢承认,怕老师批评,也怕小朋友们嘲笑。有一次,我看到一个小朋友带了一张很漂亮的图画,她给所有的小朋友都看了,但是没给我看。我很生气,于是就偷偷在她的画上用手指使劲一刮,刮破了一道口子。这个小朋友发现画破了,哇哇大哭。老师就问:"画是谁弄破的?"谁都不敢说话。后来老师说:"全班小朋友都过来对我说悄悄话,看到底是谁弄破了,老师保证不批评他,因为敢于承认错误的孩子就是好孩子。"到了老师身边,我悄悄对她说;"老师,是我弄破的,对不起。"说完之后,我特别紧张,但老师什么也没说,只是朝我眨眨眼,还对我竖起了大拇指。我犯了错,老师不但没有批评我,而且还表扬了我。从那以后,我做错事再也不害怕承认了,而且还积极改正错误。

故事讲完后,郑老师问孩子们:"今天,你们愿意跟老师说悄悄话吗?愿意告诉老师图书是你撕破的吗?老师保证不会批评。"孩子们纷纷点头。于是,孩子们轮流走到老师身边,神秘地说着悄悄话。最终,郑老师从悄悄话中得知谁犯了错。第二天,"图书角"里多了一本崭新的绘本。

教师就是孩子们的榜样,教师讲自己小时候的故事,孩子们一般会很感兴趣,而且也会默默效仿教师的做法。

用生活中的细节营造诚信氛围

教师要营造诚信的班级氛围,家长要营造诚信的家庭氛围。特别是在家里,所有人都要相互信任、相互尊重。孩子从大人的言行中会明白如何去信任他人,做一个值得信任的人。

【案例】叶子老师在营造诚信的班级环境方面很有方法。一次,当当不小心将一杯水弄洒了,地上湿了一大片。叶子老师边拖地边问:"是哪个小朋友将水弄洒了呀,以后要小心啊。"小朋友们面面相觑,谁都不说话。叶子老师继续说:"哎呀,地弄湿了不要紧,我只是想知道这位小朋友的衣服是不是也被弄湿了,我要帮他好好检查一下,穿湿衣服容易感冒。"这时,当当低着头走到了老师面前。叶子老师仔细检查了当当的衣服,然后牵着他的手，对小朋友们说："当当没有把衣服弄湿。以后小朋友要向当当学习，能勇敢地告诉老师自己做过什么。"当当羞愧地低下了头。叶子老师又对全班孩子们说："小朋友们，以后我们都要像当当学习，做诚实的孩子，做了错事不要隐瞒，要敢于承认，好不好？"孩子们纷纷点头。

在这方面，芝芝妈妈也是各位家长学习的榜样。

【案例】爸爸下班后未按时回家，电话也打不通，可是芝芝生病了，妈妈急得如热锅上的蚂蚁团团转，只好冒雨打出租车送芝芝去医院。芝芝输完液后回到家，这时爸爸才回来。妈妈劳累了一天，又赶上芝芝生病，于是妈妈没好气地问："你怎么才回家啊？""哎呀，老婆，对不起，对不起，今天加班了。""哦，那收拾一下快吃饭吧。"妈妈没再说什么。一直等到芝芝睡着后，妈妈才找爸爸沟通："我知道你今天没加班，办公室没人接电话……"最后，爸爸惭愧地低下头，原来他下班后和朋友喝酒去了。当然，免不了被妈妈一顿"教训"。从那以后，爸爸下班后不管有什么事情，都要提前和妈妈说一声。夫妻两人的关系也越来越和谐。

芝芝妈妈的做法值得每个家长借鉴，虽然妈妈明知道爸爸撒谎了，但是没有当面揭穿爸爸。这样是为了告诉孩子：爸爸是值得信赖的。夫妻之间有了误会、有了嫌隙，一定要好好沟通，不能当着孩子的面驳对方的面子。夫妻之间要相互信任、相互尊重，营造诚信的家庭环境。

理智对待孩子的撒谎

孩子难免说谎，哪怕家长明知孩子没有说真话，也不能直接了当地指责他是不诚实的，而应采用一些方法，让孩子自己承认错误。孩子承认错误后，家长要及时表扬，告诉孩子："只要敢于承认错误，就是好孩子。"切忌随便给孩子扣不诚实的帽子。

在幼儿园里，孩子说谎了，教师也不能气急败坏，甚至鄙视他。教师应该蹲下身去，耐心倾听孩子的心声，分析他为什么会说谎，是为了逃避什么或者是为了得到什么。分析之后，再耐心和孩子谈心，告诉孩子错在哪里，应该怎么改正。

在处理孩子问题的时候，要注意家园联手，家长要和教师联系，教师也要和家长密切联系，认真关注孩子在幼儿园和在家里的表现，对症下药，帮助孩子做一个诚信的人。

诚信，不仅是一种美好的品质，更是将来孩子立足社会的根本。培养一个诚信的孩子，任重而道远，需要家长和教师多多关注孩子的言行举止，倾听孩子内心的真实想法，走进孩子的内心世界；需要家长从一点一滴的小事做起，逐渐培养孩子诚信的美好品质。

第五节　学会相处就学会了合作

对孩子来说，在学习和生活中能主动与小朋友配合、分工合作、协商解决问题，从而确保活动顺利进行，这就是合作。合作是孩子未来适应社会、立足社会不可缺少的重要素质。因此，从小培养孩子的合作意识和合作能力是十分重要的。那么，如何培养孩子的合作意识和合作能力呢？

现在的孩子大多都是独生子女，很少与小朋友一起学习生活。因此，培养幼儿的合作意识，需要幼儿教师担负更多的责任和义务。作为教师，该从哪些方面去培养幼儿的合作意识呢？

身先示范，做合作的好榜样

教师在孩子心目中占非常重要的地位，教师的一言一行都会对孩子产生影响。因此，幼儿教师要注意和同事分工合作、相互帮助、同心协力，处理好班级事务，给孩子做榜样。

每次打扫卫生的时候，一位教师扫地，一位教师拖地，将教室打扫得干干净净；吃饭的时候，一位教师盛饭，一位教师盛菜，迅速给孩子们准备好可口的饭菜……

虽然幼儿教师时时刻刻都在以身示范，告诉孩子们什么是合作。但是，孩子毕竟年龄太小，观察能力不强，教师有必要告诉孩子们："你们看，刚才两位老师共同做事，就做得又快又好。"这样，教师的言行会引起孩子们的加倍重视，他们会发现，原来他们的老师做很多事情都是合作完成，他们就会不知不觉地效仿老师的做法。教师还要善于发现班级中那些善于合作的孩子，他们也是其他孩子的榜样，号召所有的孩子向他们学习。教师还要善于借助每一次活动，进行合作意识的教育。

【案例】幼儿园要组织幼儿汇演。汇演那天，很多爸爸妈妈和老师们一起帮孩子们化妆，换服装。服装换好，化妆完毕，孩子们你看看我，我看看你，特别满意，高兴地笑了。

梅子老师趁机引导孩子们："小朋友们，为什么在这么短的时间内，我们就变得这样漂亮了呢？"孩子们异口同声地说："因为有三位老师和爸爸妈妈们的帮忙。"梅子老师总结说："是啊。小朋友们，你们看，正因为大家都来帮忙，所以你们才能这么快就变得漂漂亮亮的。这就是我们常说的'团结力量大'！"顿了顿，梅子老师又说："以后，小朋友们也要向爸爸妈妈和老师学习。当小朋友需要帮助的时候，大家要主动伸出援助之手，相互帮助；当我们班有活动时，所有的小朋友都要出力气，大家齐心协力才能把事情办好，这样我们这个大家庭就会更加美好。"说完后，梅子老师要求孩子们帮忙收拾摆满化妆品的桌子和垃圾。所有的孩子都争先恐后地忙碌着。

精心创设合作的机会

生活即教育，教师对孩子的教育不一定非要在活动中进行。只要教师善于观察生活，就会有很多机会。

【案例】冬天，吃饭前老师让孩子们集体洗手。孩子们穿着厚实的衣服，衣袖不卷起来的话，容易打湿，可是孩子们年龄小，力气小，无法将自己的衣袖卷起来。老师灵机一动说："小朋友们，相互将衣袖卷起来，你帮我，我帮你。大家一边帮对方卷衣袖，一边唱儿歌：小朋友，真团结，你帮我，我帮你，卷起衣袖把手洗，干干爽爽不感冒。小朋友，要牢记，你帮我，我帮你，相互帮忙没困难，团结协作是美德。"就这样，孩子们一边唱着儿歌，一边快快乐乐地卷衣袖。孩子们从这件小事懂得以后遇到困难，也可以相互帮忙，团结协作。

在幼儿园，教师要为孩子们创设团结协作的机会。当然，活动也不能忽视，可以利用丰富多彩的活动为孩子们创设团结协作的机会，比如建筑类的活动。

教师可以先为孩子们介绍九寨沟发生了地震，很多人无家可归，没有房子居住。今天请小朋友为九寨沟的人们搭建房子，这次对房子的要求比较高，要求能防地震，性能好。因此，请小朋友们四人一组搭建房子。在搭建房子的时候要相互商量，相互协作。最后比一比哪一组的小朋友最团结，哪一组的房子既漂亮又坚固。听了这样一番话后，孩子们就明确了这次活动的要求，不仅要搭建出漂亮的房子，更要组内人人参与，团结协作。

教师可以为孩子们讲述有关团结协作的故事，比如《拔萝卜》《锁和钥匙》《地狱和天堂》……孩子们爱听故事，就能从故事中受到启迪，这就是最好的教育。

教师可以让孩子们观看团结协作的视频，让孩子们受到教育。比如播放《蚂蚁抬馒头》的视频，让孩子们仔细观看，然后引导孩子们谈感受，从中感受团结的力量。

耐心引导，教给孩子合作的方法

孩子们协作活动的时候，教师要适时指导，提供合作的方法。

首先，告诉孩子们要合理分工。比如，扮演情景剧的时候，谁扮演白雪公主，哪些扮演七个小矮人，都要明确分工。分工的时候要懂得谦让，不能谁都想扮演白雪公主，要懂得尊重他人的建议。

其次，要用语言交流。小组合作的时候，不管谁有什么想法，都要大胆说出来，其他孩子要认真听，要相互尊重，相互体谅。久而久之，孩子们就会懂得如何表达自己的想法，如何听取他人建议。

再次，有了纠纷和问题时，要想办法解决。每个幼儿教师都有这样的经历，本来好好的小组活动，突然哪个组就有告状的，有委屈得哭泣的，甚至还有肢体冲突的。这时教师要注意引导，用童话或寓言中主人翁的做法来引导孩子到底应该怎么做，让孩子懂得谦让、团结、大度、相互关心、相互帮助。

【案例】有一次，幼儿园一个班级的小朋友在合作绘画，其中一个小组的小朋友们起了冲突。负责涂颜色的小男孩将树叶涂成了蓝色，执笔主画的小女孩不满意了，大声责怪那个男孩，男孩不愿意听，推倒了女孩，女孩就大声哭起来。女孩的哭声吓到了小男孩，两个孩子都在教室里大哭起来。老师懵了，好不容易安慰两个小家伙都不哭了。评价作品的时候，老师特意请这两个小朋友站起来并说"他们很有上进心,都希望自己的画是最美的。但是,他们画画的时候表现不是特别好，因为在绘画的过程中起了冲突。在小组合作画画的时候，画错了或画得不好都不重要，但重要的是小组内的小朋友不能相互埋怨，更不能动手推倒小朋友。"顿时，两位小朋友都惭愧地低下了头。

案例中教师的处理方法比较可取，能针对两个小朋友的行为做出合理的评价，同时也在告诉所有的小朋友，到底应该怎么合作。

当然，要让孩子懂得并做到谦让大度，还是很不容易的，这需要教师坚持不懈地努力，耐心地对待孩子们合作中出现的问题。

家长也不能将培养任务全部交给教师，而应密切配合教师，引导好孩子。家长可以带着孩子去结交新朋友，和小朋友们在一起玩耍，进而培养孩子的合作意识和能力。

合作是一种良好的品德，对孩子一生的发展至关重要。社会充满了竞争和挑战，孩子要学会相互理解、平等交流及和平共处，学会在合作中竞争，在竞争中合作，在未来的人生中才能立于不败之地。

第五章

幼儿期要培养
孩子的综合素养

　　培养人，其实就是培养人的综合素养，而一个人的综合素养，需要从小就慢慢培养。综合素养高的孩子，做什么都能事半功倍。本章将主要介绍如何培养孩子的综合素养。

第一节　教孩子学会表达

著名的意大利儿童教育家玛利亚·蒙台梭利认为，一个人的智力发展和他形成概念的方法，在很大程度上取决于他的语言能力。因此，培养孩子的语言能力至关重要，而且越早培养越好。

家长与幼儿教师应该将培养孩子的语言能力作为一项重要的工作。那么如何培养孩子的语言能力呢？

丰富孩子的生活

1. 创设良好的语言环境

家长要想办法丰富孩子的生活，给孩子创设良好的语言环境。先和大家分享一个故事。1920年，印度传教士辛格在一个巨大的白蚁穴附近，发现狼群中有两个"狼孩"。这两个孩子刚回到人类社会之初，具备狼的特点，带有明显的动物习性：吞食生肉，用四肢爬行，喜暗怕光，白天总是蜷缩在阴暗的角落里，夜间则在院子内外四处游荡，凌晨1时到3时像狼似的嚎叫……之所以会出现这样的情况，就是因为受他们生存环境的影响。一个孩子，若长期处于无交流的状态，就会完全丧失语言能力。因此，创设良好的语言环境是培养孩子语言能力的重中之重。

家长可以带孩子到大自然中去，将大自然中的花草树木、鸟兽虫鱼、日月星辰、河流山川一一指给孩子，引导孩子观察每种景物的特点，让大自然的一切在孩子的脑海里留下深刻的印象，并有意识地引导孩子说话，让他说出每种景物的名字，描述景物的特点，说出对每种景物的感受。长期以往地进行训练，孩子就会有话说、乐意说。

在幼儿园里，教师要给孩子们创设良好的语言环境。教师要组织孩子们一起活动，比如让男孩在一起玩奥特曼，让女孩在一起玩芭比娃娃。教师可以让孩子们边玩玩具边说话，活动结束后可以让孩子们总结一下玩玩具的过程。教师要为孩子们提供一起玩耍、一起交流的机会，鼓励每个孩子都热情、积极参与，对那些特别积极的孩子多表扬，对那些胆小的孩子多鼓励。

教师还可以有意识地组织语言表达类的活动。比如，教师可以创设类似这样的情境，妈妈突然肚子痛，你会怎么做？教师可以扮演妈妈，让小朋友们轮流表演，在妈妈肚子痛的时候，孩子会说什么，做什么。这样，不仅为孩子们提供了表达的机会，还让孩子们学习了一些生活常识。

大班的孩子已经有了一定的表达能力，可以组织孩子们讲故事、说笑话，甚至表演一些小剧目，从而让孩子们提高表达能力。

每个孩子的能力不一样，教师不能用一把尺子衡量所有的孩子，要根据每个孩子的特点给予适合的表达机会，并且要给每个孩子中肯的评价，评价以激励为主。

2. 带孩子参加劳动

劳动可以促进孩子智力的发展，可以让孩子的手脚变得灵敏。家长可以让孩子参加最简单的劳动，如在小区里捡树叶，在家里做力所能及的家务。

【案例】每天吃晚饭之前，琦琦的妈妈都会叫着："琦琦，我的宝贝。"若琦琦不回答，妈妈是不会"善罢甘休"的。"琦琦，你回答妈妈啊。""妈妈，我来了。"妈妈继续唠叨："快把椅子摆放好，然后就请爷爷、奶奶和爸爸坐好。"于是，琦琦搬来了椅子，这还不算，琦琦还要拉着爷爷的衣角说："爷爷，这是您的椅子，您请坐。"等做完这一切，琦琦会跑过去告诉妈妈："妈妈，做完了。"妈妈会奖励琦琦一个吻，并奖励她自己盛饭的机会，因为自己盛饭就可以选择她最喜欢的碗。琦琦在小区里是最懂礼貌、最会说话的孩子。妈妈经常骄傲地介绍经验：琦琦就是因为经常做家务，经常孝敬爷爷奶奶，所以才这样懂事的。

劳动不但可以培养孩子勤劳的优秀品质，而且可以促进大脑发育，使孩子更聪明。更重要的是，孩子有了亲身体验之后，他才会有感悟，才会有想说的欲望。

在幼儿园里，教师也可以为孩子们创造劳动的机会。

小班的孩子自理能力稍差，教师可以引导他们玩"过家家"的游戏，引导孩子们扮演家庭中的各个角色，鼓励他们给娃娃穿衣服、穿鞋子、戴帽子……让他们边完成自己的"劳动任务"，边说出自己在做什么。

中班的孩子能力稍强，可以做一些比较简单的劳动。比如，教师可以利用休息的时间，对孩子们说："哎呀，我们的家好乱，谁来帮忙整理整理呀？"

这时，很多孩子就会争先恐后地收拾"屋子"。虽然有时会适得其反，将"家"越整理越乱，但教师还是要给予孩子们肯定。孩子们在整理的时候，教师要在旁边观察，并且可以引导他们边整理边表达。

大班的孩子能力更强，教师可以带孩子们在户外参加一些简单的劳动。在户外场地游戏结束后，教师可以要求孩子们收拾好器械，将跳绳收拾整齐，将散落的旗帜放好，将满地乱滚的小球放好……孩子们在收拾整理的时候，教师要告诉他们方法，同时引导他们说出自己是如何整理的。

3. 带孩子玩游戏

孩子对游戏最感兴趣，怎么玩也不厌倦。为了培养孩子的语言能力，家长可以选择一些语言类游戏，如词语接龙：冷水——水下——下来——来玩……由于孩子的词汇还不够丰富，当孩子答不上来时，家长要帮助孩子，不能打击孩子的积极性。当然，不是一定要玩语言类游戏，只要是游戏就可以，在玩的过程中要引导孩子说话，不能只玩不说。孩子愿意说什么就说什么，家长不能过多干涉，而且要给予充分的鼓励。

在幼儿园，教师在指导孩子们玩游戏的过程中，不但要让孩子们玩得开心，还要让他们表达得清楚。比如，在玩跳棋时，让孩子们自由分组，分组后要让孩子们说出自己拿的是什么颜色的棋子，如"我拿的是黄色的棋子。""我拿的是绿色的棋子。""我拿的是蓝色的棋子。"游戏结束后，教师要引导孩子说出谁最先完成任务。游戏开始和结束的时候，争取让每个孩子都能将这些内容清晰地表达出来。

在抛球游戏中，教师可以引导孩子们表达这些内容：我把球抛给了某某，某某将球抛给了我，某某的球抛得最远，某某的球抛得不远，诸如此类的语言。教师要引导孩子们边做游戏边说，这样孩子们的表达能力就能不断提高。

4. 给孩子说话的机会，成人不要一味地说

会说话的孩子都是训练出来的，要给予孩子说话的机会，聆听孩子的声音，鼓励孩子多说多听。大人千万不要一直说个不停，不给孩子说话的机会。

【案例】奶奶带着孙子去买菜，天很热，奶奶牵着孙子的手，边走边嘀咕："你真是不听话，这么热，不好好在家吹空调，跟着我跑出来干什么？"

孙子委屈地望着奶奶，正打算说什么，奶奶又开始唠叨了："我年龄大了，没力气了，我才不会抱着你，你快点跟着我走啊。"奶奶边说边拉着孙子急匆匆地往前走。孙子瘪了瘪嘴巴刚想说什么，奶奶又开始了新一轮的埋怨："小冤家，你快点走行不行，是不是想将奶奶热死在这大街上啊。"

大家想想，奶奶一直喋喋不休地说话，孩子有说话的机会吗？有机会表达自己的心声吗？长此以往，孩子认为反正想说也不能说，干脆就没有想说话的冲动了。

因此，家长需要注意，在日常生活中，家长一定要善待孩子，要倾听孩子的声音，引导孩子说出内心的想法。这样孩子才能越来越爱说，其语言表达能力才能越来越强。

为了给孩子创造更多表达的机会，家长应该多带孩子出门，比如和孩子一起去买菜或逛超市。在路上遇到了熟人，家长要鼓励孩子打招呼问好，还要有礼貌地告别；不要一见熟人，家长就忙着打招呼，将孩子晾在一边。

在路上看见了什么，家长就跟孩子聊什么，比如看见街道旁边的花草树木，就问孩子："这是什么花，什么颜色，好看吗，为什么？""那是什么树，树叶是什么形状的，树叶有什么味道，你喜欢这棵树吗？为什么？"……总之，只要孩子在身边，家长就要引导孩子说话。

到了超市，家长可以问孩子："宝贝，你想吃什么菜啊，为什么啊？"还可以告诉孩子买蔬菜、水果时要注意什么，比如："买青菜的时候要看有没有黄叶，有黄叶就说明不新鲜了。宝贝，你帮妈妈选选。"孩子在挑选菜的时候，让他说说为什么要选这棵菜……在这样的不断训练过程中，不但培养了孩子的表达能力，而且也教给孩子一些基本的生活常识。孩子就是一座宝库，关键看家长如何发掘。

教师同样可以邀请孩子参与教师的活动。比如，在分发午餐时，教师可以邀请几位小朋友帮忙送午餐，为其他小朋友服务。送到每个小朋友手里时，都要说："给，这是你的午餐。"接到午餐的小朋友要说："谢谢。"送午餐的小朋友要说："不用谢，祝你用餐愉快。"……在这样的活动中，不但会增强孩子们的表达能力，还会让他们成为讲文明、懂礼貌的孩子。

孩子们对成人的世界充满了好奇，特别愿意参与到成人的活动中。因此，教师在组织活动、游戏时，都可以请孩子们来帮忙。孩子们来帮忙时，教师要真诚致谢，真心夸奖。

设计语言活动

设计语言活动，对幼儿教师来说并不陌生，教师可以带着小朋友们做下面的游戏。

1. 听指令做动作

根据孩子们的年龄特点，教师让孩子们通过游戏的形式完成不同难度的要求。如"我请小朋友扮小兔"，教师发出指令，让孩子们随着指令作出反应：

小兔正在跳，小兔正要跳，小兔没有跳；

小白兔站在小黑兔的后边，小黑兔站在小白兔的前边。

2. 听指令做事情

教师向孩子们发出连续性指令，孩子们遵照指令所表明的操作程序，完成一项任务。对此，教师可以设计专门的活动，也可以结合一日生活内容，要求孩子们按照教师的要求去做。

3. 听儿歌、故事找图片

教师让孩子们根据儿歌或故事的内容，找出与儿歌、故事内容相对应的图片。

4. 听故事排序

根据故事情节的发展，教师让孩子们找出相关的图片，并将次序排好。

5. 听诗歌、故事画画

在感受诗歌、故事所表现的社会生活内容的基础上，将文学作品所描绘的社会生活情景画出来，或拼摆、粘贴出来。如欣赏诗歌《春天的颜色》，寻找春天的颜色并画出来。

这些都是孩子们非常喜欢的语言活动，教师要引导孩子们在游戏中表达，在表达中游戏。

家长不要认为只有教师才可以进行有趣的语言教学，其实家长也可以。

家长同样可以设计有趣的语言活动，给孩子创设自由表达的环境。

家长可以陪孩子一起看绘本。绘本颜色鲜艳，故事有趣，极易引起孩子的兴趣。家长陪孩子读绘本时要指着图画，先引导孩子观察，再让他描述看到了什么，并引导他尽量说得具体点；然后，家长引导孩子看书，家长口述故事；最后，引导孩子慢慢地将故事讲出来。每个孩子的接受能力不一样，有的孩子可能听过一两遍就会讲了，有的孩子可能心里明白，但是表述不清楚。孩子若接受得比较慢，家长不要着急，要慢慢来，天天看，天天读，天天讲，总有一天孩子能将故事完整地讲给家长听。这样的训练，不仅可以培养孩子的语言表达能力，而且可以培养其读书的习惯，这是孩子一生受用不尽的财富。

孩子最爱听故事，家长一定要抓住孩子的这个特点，每天要在孩子睡觉前为他讲一个故事，哪怕某一天没有准备故事，也要将以前讲过的故事再讲一遍给他听。

【案例】美美告诉妈妈："妈妈，要是我生病了就好了。"妈妈觉得莫名其妙，不知道怎么回事，最后才明白，原来每次美美生病之后，妈妈都会将她放在腿上，给她讲《田螺姑娘》的故事。尽管那个故事听过无数遍了，但是美美依然喜欢听，百听不厌。

大人对已经知道的故事情节、结局是从不感兴趣的，但是小孩不一样，哪怕听过很多遍的故事他们依然喜欢听，这就是孩子的特性。因此，家长可以反复给孩子讲一些经典的故事，某天在讲了一半后突然说："哎呀，不好了，我忘记后面的故事了，宝贝讲给妈妈听好不好？"孩子一定会兴奋地开始讲故事的。

家长注意事项

在培养孩子说话的过程中，家长要注意以下几个方面。

1. 让自己细心一点、智慧一点，让孩子敢说

刚进入幼儿园的孩子胆小、怕羞，不敢在众人面前说话，甚至会沉默寡言一整天。家长要细致一点，观察孩子是不是特别胆小。若是，一定要及时与教师交流，让教师多关注孩子，多鼓励孩子。当然，家长在家也要多鼓励孩子。

【案例】爸爸知道莉莉胆小，但是莉莉很会玩魔方。于是，与老师商量后，

爸爸让莉莉将魔方带到了幼儿园。老师向全班孩子宣布："我们班有一位魔方高手,今天我们请她来表演魔方好不好?"就这样,莉莉通过玩魔方征服了所有小朋友。从那以后,很多小朋友都买了魔方,请教莉莉怎么玩,莉莉成了班上的魔方明星。莉莉逐渐不再胆小了,和小朋友一起玩游戏,一起开心地说笑,很快融入了集体。

案例中爸爸的做法值得效仿,他知道孩子的弱点和优点,和教师商量后,给孩子创造机会,培养了孩子的自信心,让孩子融入了集体,变得想说敢说。

2. 让生活丰富一点、有趣一点,让孩子可说

孩子怎么进行活动,只要家长开动脑筋,太多了!火柴棍、瓶盖、饮料瓶、橡皮筋、彩纸……都是孩子们喜欢的玩具。

【案例】现在很多小朋友不认识火柴棍,美丽指导女儿玩火柴棍的过程非常有趣。

"这是什么啊?"美丽指着火柴棍问女儿。

"这是火柴棍。火柴棍长得像什么呢?"

"像一个金针菇,只是帽子是红色的。"

"好吧,今天我们用火柴棍搭建房子吧。"

搭建房子的过程中,小家伙的嘴巴不由自主地动起来:"哇,这个是屋顶。""哎呀,倒了!""放这里,放那里……"

美丽在教育孩子方面很讲究艺术,道具虽然简单,但是她能引导孩子观察、思考、表达,同时设计了很有创意的活动,让孩子去做、去说,这就是最好的教育。

3. 多看一点、多听一点,让孩子多说多练

孩子学会了说话,有了想法,才愿意说出来,才愿意和人交流。因此,家长应该引导孩子多看多听,观察玩具,观察每个人;多听故事,多听别人说话,多听音乐。这样做能增长孩子的见识,开拓孩子的视野,让孩子多说多练,提高语言表达能力。

语言表达能力的培养不是一蹴而就的,会说话更是一门艺术,是一辈子都要学习的艺术。培养孩子的语言能力非常重要,只要掌握了正确的方法,持之以恒,就能有所收获。

幼儿语言能力测试

各位家长和幼儿教师可以对照下表，对孩子的语言能力进行测评。

表 5.1　小班幼儿语言表达能力测评表

项目	评测内容	评价标准	测评效果				测评人
			优秀	良好	一般	加油	
听与说	听与回应	别人对自己说话时能注意听并做出回应。					
	听懂	能听懂日常会话。					
	打招呼	愿意在熟悉的人面前说话，能大方地与人打招呼。					
	会说本地话	基本会说本民族或本地区的语言。					
	表达与手势	愿意表达自己的需要和想法，必要时能配以手势动作。					
	说儿歌	能口齿清楚地说儿歌、童谣或复述简短的故事。					
阅读与书面表达	会提出要求	主动要求成人讲故事、读图书。					
	跟读	喜欢跟读韵律感强的儿歌、童谣。					
	爱护图书	爱护图书，不乱撕、乱扔。					
	听得懂	能听懂短小的儿歌或故事。					
	会看画面	会看画面，能根据画面说出图中有什么，发生了什么事等。					

（续表）

项目	评测内容	评价标准	测评效果				测评人
			优秀	良好	一般	加油	
	理解	能理解图书上的文字是和画面对应的，是用来表达画面意义的。					
	涂鸦绘画	喜欢用涂涂画画表达一定的意思。					

注：表格参考《3－6岁儿童学习与发展指南》。

表5.2　中班幼儿语言表达能力测评表

项目	评测内容	评价标准	测评效果				测评人
			优秀	良好	一般	加油	
听与说	听	在群体中能有意识地听与自己有关的信息。					
	日常会话	能结合情境感受到不同语气、语调所表达的不同意思。					
	听懂普通话	方言地区和少数民族幼儿能基本听懂普通话。					
	交谈	愿意与他人交谈，喜欢谈论自己感兴趣的话题。					
	会说普通话	会说本民族或本地区的语言，基本会说普通话。少数民族聚居地区幼儿会用普通话进行日常会话。					
	讲述	能基本完整地讲述自己的所见所闻和经历的事情。讲述比较连贯。					
	喜欢看书	反复看自己喜欢的图书。					
	看懂标识	对生活中常见的标识、符号感兴趣，知道它们表示一定的意义。					

（续表）

项目	评测内容	评价标准	测评效果				测评人
			优秀	良好	一般	加油	
阅读与书面表达	会讲述	能大体讲出所听故事的主要内容。能根据连续画面提供的信息，大致说出故事的情节。					
	理解	能随着作品的展开产生喜悦、担忧等相应的情绪反应，体会作品所表达的情绪情感。					
	涂鸦绘画	愿意用图画和符号表达自己的愿望和想法。					
	握笔姿势	在成人提醒下，写写画画时姿势正确。					

注：表格参考《3－6岁儿童学习与发展指南》。

表5.3 大班幼儿语言表达能力测评表

项目	评测内容	评价标准	测评效果				测评人
			优秀	良好	一般	加油	
听与说	倾听	在集体中能注意听老师或其他人讲话。					
	主动提问	听不懂或有疑问时能主动提问。					
	日常会话	能结合情境理解一些表示因果、假设等相对复杂的句子。					
	敢于表达	愿意与他人讨论问题，敢在众人面前说话。					
	会说本地话和普通话	会说本民族或本地区的语言和普通话，发音正确清晰。少数民族聚居地区幼儿基本会说普通话。					

（续表）

项目	评测内容	评价标准	测评效果				测评人
			优秀	良好	一般	加油	
阅读与书面表达	交流描述	能有序、连贯、清楚地讲述一件事情。					
	语言生动	讲述时能使用常见的形容词、同义词等，语言比较生动。					
	专注阅读	专注地阅读图书。					
	会谈论内容	喜欢与他人一起谈论图书和故事的有关内容。					
	看得懂	对图书和生活情境中的文字符号感兴趣，知道文字表示一定的意义。					
	会讲述	能说出所阅读的幼儿文学作品的主要内容。					
	创编	能根据故事的部分情节或图书画面的线索猜想故事情节的发展，或续编、创编故事。					
	理解	对看过的图书、听过的故事能说出自己的看法。能初步感受文学语言的美。					
	涂鸦绘画	愿意用图画和符号表现事物或故事。					
	写名字	会正确书写自己的名字。					
	握笔姿势	写画时姿势正确。					

注：表格参考《3－6岁儿童学习与发展指南》。

第二节　孩子的创新精神被抹杀了吗

"创新是一个民族的灵魂，是一个国家兴旺发达的动力。创新要靠人才，而人才来源于良好的教育。"作为家长与幼儿教师，要面向世界、面向未来，努力培养孩子的创新能力。

创设创新环境

1．为孩子提供温馨、充满爱的生活环境

一个整天惊惶不安、忧心忡忡的孩子会有巨大的心理压力，谈何创新。因此，父母应该相敬如宾，对待老人孝顺有加，对待孩子更要和风细雨，温柔和蔼。只有身心愉悦的孩子才会陶醉在美好的生活里，才会有创新的灵感。

幼儿教师要时常调整自己的情绪，跟孩子们说话时要亲切温和，即使孩子们偶尔犯了错，也要和蔼地对待孩子们，耐心地跟孩子们讲道理，引导孩子们改正错误。

2．和孩子相处要讲究艺术

在家里，家长要尊重孩子，听听孩子的心声，不能事事由家长做主，孩子没有表达自己心声的机会。长期由大人做主的孩子是不会有创新意识的。因此，不管家长还是幼儿教师，都要耐心地倾听孩子的心声，在孩子面前不能太过情绪化。

3．给孩子自由而安全的空间

如果条件允许，应该让孩子拥有自己的小房间，床铺、衣柜、各种玩具要富有童趣。让孩子待在自己的房间里时，也能玩出新玩法、新花样，让孩子从简单的创造中体会到成功的喜悦。

【案例】妈妈是幼儿教师，丁丁的小房间是个"聚宝库"，什么有趣的玩具都有，甚至还有他从外面捡回来的树叶，放在一个小盒子里。妈妈鼓励丁丁用树叶拼一幅画，丁丁忙碌了半天，拼出了两个大人牵着小孩去玩耍的情景。虽然拼得不那么像，也不那么美，但是妈妈还是肯定了丁丁的创意。从那以后，丁丁迷上了树叶拼画，他还将纸和布条剪成碎片，拼成各种形状，很有创意。

其实，孩子的玩具不需要多、不需要高档，需要的是家长要善于引导孩子将玩具玩出新意。有时，家长也要积极参与到孩子的活动中来，孩子会玩得更加开心有趣。

在幼儿园里，教师也要尊重孩子独处的需要。若孩子不愿意参加集体活动，教师要多询问孩子，是因为身体不舒服，还是不愿意参加。若孩子不愿意参加，在保证孩子安全的前提下，给予孩子一定的自由，让他单独待一会儿。不要以为孩子一直喜欢热热闹闹的，其实孩子也需要自由而安全的空间，他们也有自己的想法，也有自己的情感需求。

4. 善于创新和创造生活

分苹果的时候，妈妈平时都是竖着切开，但是唯独那天是横着切开，切开之后，让孩子看看苹果里藏着的"星星"，孩子兴奋得大喊大叫。

双休日，妈妈带着爱美的丫丫到了一个缝纫店里，从那里带回很多五彩的碎布片，并用这些碎布片给布娃娃缝制了很多漂亮的衣裙。装扮布娃娃的同时，丫丫发现生活原来可以这样富有变化。

爸爸带回很多塑料瓶，用塑料瓶做成各种各样的工艺品，有花瓶、娃娃、花篮……让孩子大开眼界。

生活并不是一成不变的，处处充满了乐趣，关键是家长要热爱生活，怀着激情去生活，就会发现生活中的美，懂得去创造美。家长要做好孩子的表率，做一个会创新的人，孩子就会受到潜移默化的影响。

幼儿教师在带着孩子们游戏与活动时，也要善于创新。

【案例】彬彬老师是一位善于创新的好教师，她能把各种塑料瓶做成花瓶。每次她都会把做好的花瓶带到幼儿园里，和小朋友们一起分享。她还会带来各种材料，教小朋友们一起制作，然后让小朋友们将制作的小花瓶、小艺术品带回家送给爸爸妈妈。

有一次，彬彬老师将柚子皮做成一顶"帽子"，还把"帽子"戴到幼儿园，请小朋友们欣赏，并且还让每个小朋友试戴，拍照后发给家长。随后，她把这项新技能教给了小朋友们。小朋友们玩得特别开心。回家后，很多小朋友按照彬彬老师的方法，让家长自制柚皮帽，家长们纷纷尝试。

彬彬老师心灵手巧，用自己的行动去影响小朋友们。在她的引导下，她所带的幼儿班里的小朋友都极富创造力，他们经常会用一些废弃的材料制作一些小工艺品，来装扮他们的教室。

抓住创新的火花

1. 呵护孩子的独到见解

孩子的思维天马行空，他们的想法和大人完全不一样。当家长和孩子交流的时候，往往会让家长目瞪口呆。遇到这样的情况时，家长一定要肯定孩子的独特见解，给予充分的认可和鼓励。

【案例】妈妈让星星画太阳，为了让星星画得更好，在图画本上画了一个样本，涂上了红色。结果星星画了很多太阳，有的是方的，有的涂上了绿色……妈妈看了后，并不是大声训斥，而是轻轻地问："宝宝，这些太阳为什么是绿色的？""夏天的时候，太阳是绿色的就凉快一些。"这无可厚非，可是那个方的太阳呢？妈妈询问星星后，星星回答说："我希望太阳是方的，那太阳就走不动了，我们就可以永远是白天了，不用天黑就睡觉了。"星星是个贪玩的孩子，他不喜欢睡觉。妈妈听了后连连赞许孩子和别人不一样的想法。

相反，有些家长就会对孩子做出的事感到匪夷所思，不理不睬或不耐烦。对于家长的如此反应，孩子收到的信息是，不要有自己的想法，照着样子去做就可以了。长期这样下去，孩子就不敢说出自己的奇思妙想了，也就没有了创新。

教师更应该懂得如何保护孩子的创新思维。

【案例】可米老师在引导孩子们做手工的时候，有个小组做了一辆带着翅膀的小汽车。她并没有认为孩子们是在胡闹，而是微笑着问："汽车怎么长翅膀了啊？"这个小组的昊昊立刻回答："老师，堵车的时候，车就开不动了。我想，如果汽车长了翅膀，就可以飞走了呀。"昊昊脸上一副特别认真的样子。可米老师顿时笑出声来，然后鼓励孩子们："你们的想像力太丰富了，真好。虽然你们做的汽车暂时还没有发明出来，但是老师相信，将来你们一定能发明出这样的小汽车，并邀请老师去试坐，对不对？"

可米老师看到孩子们的小制作后，鼓励了孩子们的创新思维和创新举动。受到教师的鼓励后，也许这些孩子当中会出现未来汽车的设计大师。

2. 家长要谨慎对待孩子的问题

孩子有各种各样奇怪的想法，会絮絮叨叨地问个不停。幼儿教师一般要照顾 20 多个孩子，事务比较杂乱；家长平时忙于工作，一回家只想好好休息。因此，孩子如果在旁边说个没完没了，教师和家长一般选择回避问题，或者粗暴地打断孩子的提问。让我们来看看下面这位幼儿教师是如何对待孩子所提的问题的。

【案例】放学了，孩子牵着老师的手等待家长来接，进行了一番非常有趣的对话：

"老师，你看那是什么花啊？"

"向日葵。"

"为什么叫向日葵呢？"

老师很有耐心地回答："因为它是随着太阳转的。"

"它为什么要随着太阳转呢？我怎么不是绕着太阳转呢？"

"因为它是植物，你是人啊。"

孩子并不罢休："那为什么植物就要随着太阳转，而人不随着太阳转呢？"

老师一时哑口无言了，但是孩子还意犹未尽："这种花为什么是黄色的呢，晚上没有太阳了，它是不是随着月亮转呢……"孩子还在问各种各样稀奇的问题。这时老师说："宝贝，你问的这些问题，我也没弄明白。这样，回家之后，你询问爸爸妈妈，或者请爸爸妈妈查查资料。老师回家之后，也查查资料。然后我们再来交流这些问题，好不好？"

案例中的这位教师能够认真对待孩子的提问，在自己也不知道答案的情况下与孩子商量，回家后各自去找答案，然后再交流。家长一定要学习这位教师对待孩子所提问题的方法。很多家长因为自己工作了一天比较累，对孩子的提问完全没有耐心，甚至还会发脾气，认为孩子的话太多。若是这样，就会伤害孩子。家长应该耐心一点，认真回答孩子的每个问题，若实在回答不出来，也不要紧，带着孩子去网络上或书本上寻找答案。善待孩子的问题，不仅可以鼓励孩子大胆地提出问题，而且可以鼓励孩子积极思考和探索，培养孩子的创新精神。

3. 引导孩子接触新事物，扩大视野

家长要带着孩子多出去走一走，看一看，了解这个世界的神奇。带着孩子去看科普画展，去博物馆，让孩子更多、更好地了解这个世界。总之，孩子看到的、认识的越多，就越有可能触发新的灵感，产生新的想法。

教师也要为孩子们提供接触新事物的机会，比如可以给孩子们讲一讲他们能听懂的世界奇闻趣事，可以引导孩子们看看一些科普栏目，可以看看中央电视台的"动物世界"……总之，教师要有意识地引导孩子们多方位、多角度地了解这个世界，扩大孩子们的视野，激发孩子们对探索新事物、探索世界的兴趣。此外，教师还要担负起引导家长的职责，因为很多家长缺乏这方面的认识。

设计创新活动

家长和教师首先要引导孩子想象。想象是创造之母，没有想象能力就没有创新能力。家长和教师可以通过故事有意识地培养孩子的想象能力。可以多给孩子读一些富有幻想力的书籍，如童话、神话、寓言、科幻故事等。其次，家长和教师要引导孩子补充故事。讲故事的时候只讲一半，让孩子想象故事是怎么发展的，并鼓励孩子讲述出来。不管孩子讲述得如何，都要表扬。再次，鼓励孩子编故事。比如看到雨伞，可以这样引导孩子：这把雨伞很神奇，它独自一人去旅游，遇到了谁，发生了什么事？家长和教师这样提示之后，让孩子续编下去。家长和教师随时随刻都可以利用故事来引导孩子发挥想象。

另外，家长和教师可以设计一些活动来培养孩子的创新能力。比如，给孩子各种各样的彩纸，让孩子用剪刀剪成各种不同的形状，然后让孩子拼成各种各样的图形。除了拼平面图形，还可以鼓励孩子做成立体图形。作品完成之后，一定要给予孩子真诚的夸赞，让孩子尝到创新的乐趣。这样的训练，不仅培养了孩子的创新能力，而且训练了孩子的动手能力。

绘画也是一种非常好的训练方式。鼓励孩子在纸上画出各种各样的画，特别是对孩子亲自创作的作品要大力表扬，鼓励孩子创新。听音乐、跳舞同样可以培养创新能力。

家长与教师要达成共识，眼睛不能只盯着孩子认识多少个字、会读多少个拼音、会做几道题，要培养孩子多方面的能力，创新能力尤为重要。只要家长积极主动配合教师，掌握一定的方法去耐心培养孩子，就一定会有收获。

第三节　专注的孩子更容易成功

所谓专注力，就是注意力，即将视觉、听觉和触觉等感官集中在某一事物上，达到认识该事物的目的。专注力是一切学习的根本，换言之，专注力可以直接影响学习效果。因此，专注力的培养对于孩子来说特别重要。

2岁孩子的注意力集中时间平均长度大约为7分钟，3岁约为9分钟，4岁约为12分钟，5岁约为14分钟。培养专注力越早效果越好，从2岁就可以开始。

如果孩子做事不专注，家长要了解孩子不专注的原因，概括起来有这几种原因：第一，是孩子对所做的事情没有任何兴趣；第二，周围的干扰太多，如孩子在玩玩具，家长在旁边谈笑风生，会影响孩子；第三，家长不考虑孩子的感受，强迫孩子做他们不喜欢的事情；第四，家长对孩子同一时间发出的指令太多，超出了孩子的承受范围；第五，家长在孩子做某件事的时候不放心，时不时给予孩子指导，容易让孩子分心和失去信心。

了解了专注力的相关知识后，应如何培养孩子的专注力呢？

营造安静的氛围

有的家长由于工作太忙，没时间把家里收拾得井井有条，东西摆放无序；孩子的日用品也是随手乱放，需要用的时候，在家里转圈圈地找。这样的无序摆放，会对孩子的专注力造成影响。

有的家长喜欢热闹，回到家把电视或音响的声音调得很大，邀约朋友到家打麻将，这些环境都会对孩子造成极大的干扰，使孩子难以集中注意力做自己的事情。

【案例】甜甜是位年轻的妈妈，她性格开朗，经常和朋友聚会，也常邀朋友来家玩，打打麻将。打麻将的时候，甜甜就要求年幼的女儿佳佳看绘本。结果，佳佳看绘本的时候根本就无法专注，过3分钟要上厕所，过2分钟要喝水，过5分钟又要吃零食……上小学之后，老师反映佳佳上课时注意力不集中，经常走神。

佳佳注意力不集中，是她长期在不安静的环境中看书和生活造成的。她在做某件事情的时候经常被打扰，因而没有养成较强的专注力。作为家长，有责任为孩子营造温馨安静的环境，这样对孩子的专注力提升大有裨益。

在幼儿园里，教师也要注意为孩子们营造安静的氛围，比如孩子们看绘本的时候，听音乐的时候，绘画的时候，都要保持安静，这样有助于培养孩子们的专注力。

【案例】瑶瑶老师特别善于引导孩子们保持安静。一天，孩子们正在安静地画画，突然浩宇大声咳嗽起来，这时其他孩子纷纷看着浩宇，开始叽叽喳喳讲起话来，热闹极了。瑶瑶老师冲着孩子们摆摆手，做了个"嘘"的动作，然后拉着浩宇走出门外，去查看他咳嗽的原因。就这样，教室里顿时又回到安静的状态。

养成规律的生活方式

家庭生活要有一定的规律，家里的每个人都要共同遵守，若规矩太多，又不能随意改变，这样会让孩子无所适从。

【案例】乔鹏是位年轻的爸爸，喜欢玩电脑游戏，一玩就到凌晨；娇娇身为妈妈，往往在12点的时候最精神，做家务、看书……年幼的儿子俊俊从不按时睡觉，爸爸游戏玩到什么时候、妈妈什么时候开始睡觉，他就睡觉，早上又不按时起床。上幼儿园后，俊俊根本适应不了，经常迟到。这就是因为俊俊从小没有按时作息造成的。

孩子出生后，家里一定要有规律的作息时间。家里要有一张作息时间表，表上有如下内容：起床、早餐、午餐、午睡、晚餐、晚锻炼、洗澡、睡觉的时间。家人都要共同遵守，不能随意违反。孩子从幼儿园回家后，要引导孩子自己安排时间，这样对孩子专注力的提升非常有帮助。

训练孩子专注力的游戏和方法

家长和教师可以通过游戏的方式来训练孩子的大脑专注力。不管是比赛，还是陪玩，只要家长和教师引导、孩子坚持，就会收到意想不到的效果。而且，通过游戏的方式还能让孩子享受游戏的快乐，这样的方式一举两得。

1. 拍掌游戏

拍掌游戏可以从易到难。最初的时候，可以简单点，边唱儿歌边拍掌，例如下面的拍手歌。

你拍一，我拍一，一个孩子开飞机。你拍二，我拍二，两个孩子梳小辫。你拍三，我拍三，三个孩子去爬山。你拍四，我拍四，四个孩子学认字。你拍五，我拍五，五个孩子敲锣鼓。你拍六，我拍六，六个孩子吃石榴。你拍七，我拍七，七个孩子做游戏。你拍八，我拍八，八个孩子吹喇叭。你拍九，我拍九，九个孩子是朋友。你拍十，我拍十，吃饭干净不挑食。

这是最初的比较简单的拍掌游戏。随着训练的时间越来越长，孩子越来越熟悉，训练的难度可以增加，例如：

拍手掌啊拍手掌，左拍拍，右拍拍，左拍拍，右拍拍；拍手掌啊拍手掌，先拍自己的小手掌，再拍妈妈的大手掌；拍手掌啊拍手掌，上拍拍，下拍拍，上拍拍，下拍拍。

拍掌游戏简单易于操作，不管是在幼儿园还是在家里，都可以随时随地进行。这样的游戏不仅可以训练孩子的专注力，还可以训练孩子的记忆力和动手能力，能极大激发孩子的兴趣。

2. 走线游戏

在地面上画一段直线，再画一条曲线，连在一起。然后引导孩子顺着线条走，走的时候一定要走在线条上，不能跨到线外，否则就算犯规。为了增强孩子们的兴趣，在幼儿园，教师可以引导孩子们进行比赛，也可以让孩子和教师进行比赛；在家里的时候，家长可以和孩子进行比赛，甚至可以让孩子带着家长走。

3. 我们来找茬

在网络上有一种游戏叫"大家来找茬"，寻找两幅画的不同之处。不过引导孩子在玩这种游戏的时候，不能在电脑上操作，这样会伤害孩子的眼睛。可以购买相关的游戏书，让孩子玩"找茬"这样的游戏，有助于快速提升孩子的专注力。在幼儿园的时候，教师可以引导孩子们分组比赛。在家里的时候，家长可以和孩子一起游戏，也可以边做家务，边指导孩子玩。

4．走迷宫游戏

平面的迷宫图主要有两种：一种是由各种长长短短、曲直不同的线条围隔而成的格局图；一种是画面不仅有曲折的路线，而且还配有相应的背景，它既是一个迷宫，也是一幅漂亮的风景画或者场景画。

第一次看到这个图的时候，孩子可能会觉得眼花缭乱，家长要善于引导，激发孩子的兴趣，指导孩子掌握走迷宫的方法。走迷宫游戏能大大提升孩子的专注力。等孩子大一些，对走迷宫比较熟悉后，可以让孩子自己画一幅迷宫图，这样也能提升孩子的专注力。

5．倾听游戏

倾听游戏的方式有很多，用得比较多的是下面几个。

（1）教师告诉孩子一句悄悄话，孩子再告诉另一个孩子，就这样一个传给一个，最后让参加游戏的人轮流说出悄悄话的内容，看传话是否成功。这个游戏不但可以训练孩子专注倾听的能力，而且能训练口语表达能力，同时还能联络教师和孩子们之间的感情。

（2）教师将一个物品藏在教室里的某处，然后描述给孩子听，孩子根据教师的描述去寻找这个物品。孩子们都很喜欢这种游戏，不过他们钟情的是"找"的过程，因此一定要引导孩子们认真倾听教师的描述。

（3）教师读一首孩子们很熟悉的儿歌，让孩子们认真听，然后找出教师朗读过程中有无错误的地方。这个游戏叫纠错游戏。

（4）在幼儿园的时候，蒙上一个孩子的眼睛，让每个小朋友说一句话，让孩子辨认这句话是谁说的。这是"听听我是谁"的游戏。教师要注意的是，一定要保证被蒙上眼睛孩子的安全，防止摔倒。

（5）找一段各种声音的录音，让孩子听，辨认这些声音具体是什么声音，然后根据声音编故事。

这些游戏操作起来简单，随时都可以进行，在幼儿园里、家里都可以操作。总之，家长要多动脑筋，对孩子进行倾听的训练，这是训练专注力最有效的方法之一。

第六章

幼儿期要用心
加强孩子的安全教育

安全大如天，保障孩子的安全，既是幼儿园和家庭的责任，又是全社会的责任。本章将着力介绍如何守护孩子的安全，如何对孩子进行安全教育。

第一节　交通安全常识牢记于心

据有关部门统计，全国交通事故平均每 50 秒发生一起，平均每 2 分 40 秒就会有一人丧生于车祸。更让人痛心的是，因交通事故死亡的少年儿童占全年交通事故死亡率的 10%，且有呈逐年上升的趋势。因此，从小对孩子进行交通安全教育势在必行。

孩子的认知水平较低，缺乏自我保护意识。所以，对孩子进行安全教育，必须根据孩子的身心发展水平和特点来进行。

认识交通标识

生活是最好的教育，实地是最好的教育场所，带着孩子走上街头认识各种各样的交通标识是最有效、最直接的方法。

对于孩子来说，要认识一些常用的交通标识。首先是斑马线，家长可以带着孩子走到斑马线前，告诉孩子这就是斑马线，是专门供行人在绿灯指示下过马路的。其次是认识斑马线旁边的红绿灯，告诉孩子红绿灯的名字，并站在红绿灯旁，指导孩子观察红绿灯的变化，告诉孩子红灯停，绿灯行。最后带着孩子亲身体验，等绿灯亮了，带孩子走过斑马线；站在马路对面，耐心等待绿灯再次亮起的时候，再次走回来。家长可以带着孩子反复走几次，因为孩子的记忆需要强化。

还有几个重要的交通标识也必须认识。首先是大的交通路口的红绿灯，虽然那个红绿灯是指引车前行的，但是家长有必要告诉孩子红绿灯的基本作用。其次是禁止标志，将禁止标志指给孩子看。比如禁止行人行走的标志，让孩子观察图案的颜色，上面还有什么样的线条，这表示什么意义。家长在引导孩子认识的时候，一定要注意方法，不能只顾着自己说，要巧妙设计一些问题，让孩子去观察、去思考，由孩子自己得出结论，这样孩子才会记忆深刻。最后要认识警告标识，同样用上述的方法去慢慢引导孩子。

为了强化孩子的记忆，家长可以在家里用硬纸板做成各种各样的交通标识，让孩子认识。

孩子年龄小，各方面的能力都比较弱，因此，家长不能急于求成，不要指望教给孩子一次就能记住。家长要做有心人，每次带孩子过马路的时候，都要指给孩子看。若孩子答错了，家长千万不要着急，要反复教，慢慢来，最终孩子一定会认识这些交通标识，而且知道它们的作用。

规则用心教

教师可以将交通规则编成儿歌，教孩子唱一唱，读一读。

你拍一，我拍一，马路行走不着急。

你拍二，我拍二，骑车不要把人带。

你拍三，我拍三，身体不放车外边。

你拍四，我拍四，先下后上真懂事。

你拍五，我拍五，身边车祸猛于虎。

你拍六，我拍六，交通安全记心头。

你拍七，我拍七，走路专心不大意。

你拍八，我拍八，路边护栏不要爬。

你拍九，我拍九，施工场地绕道走。

你拍十，我拍十，注意安全懂常识。

教师也可以导演情景剧，让几个孩子分别演一演过马路的正确做法，让其他孩子来判断，做得好还是不好。

教师要联系家长，让家长配合教育，比如今天学习了哪些安全规则，家长要关注孩子是不是理解了，并通过实践来检验。

要做有心人

家长要做有心人，平时带孩子外出的时候，不管是开车还是步行，都要时时刻刻遵守交通规则，杜绝中国式过马路，杜绝酒后开车，杜绝开车过快等。家长要给孩子树立良好的榜样，不要让孩子认为是否遵守交通规则无所谓。

家长要睁大眼睛，看到那些遵守交通规则的良好行为，要让孩子学习；若是遇到违反交通规则的行为，也要指给孩子看，告诉孩子哪里不对，为什么不对。

身教又言传

家长不但要注意身教，还要注意言传。比如，在过没有红绿指示灯的马路时，家长不要匆匆拉着孩子安全过了马路就坦然了，一定要反复教给孩子过马路的方法：看清两边的车辆，不奔跑，不慌不忙地通过。

家长要告诉孩子，时刻保持警惕，不是自己遵守交通规则就安全无忧了，因为很多车祸就是因别人违反交通规则，行人大意造成的，所以要让安全的警钟安放在孩子心底。家长要时刻教育孩子：车祸的肇事者都是不遵守交通规则的人，交通安全的保障除了自己严格遵守交通规则外，更要时刻警惕，防备那些不遵守交通规则的人伤及自己。

交通安全教育刻不容缓，不管是教师还是家长，要注意引导孩子在生活中学习安全规则，寓教于生活，确保每个孩子的交通安全。

第二节　孩子独处时，您放心吗

家长总认为，孩子小的时候独处很可怜。然而，会独处的孩子长大后较家长陪大的孩子有更多优点：不胆小，可以主动与人交往；注意力容易集中；有独立解决问题的能力；能够正确对待自己的"能力"，大部分可以做到"知之为知之，不知为不知"。

美国有一位妈妈为了训练孩子独处的能力，将孩子放在一间有全面监控的房子里，在外面可以观察孩子的一举一动，以免发生任何意外。

虽然孩子独处的时候有很多潜在的危险，但是为了孩子的发展，家长还是要有意识地训练孩子的独处能力。训练孩子的独处能力时，为了既不会给孩子造成心理阴影，又不会有安全隐患，而且还能够达到培养孩子能力的目的，家长应该注意以下问题。

给孩子安全感

【案例】贝贝和妈妈在小姨家里玩得很开心，也不黏着妈妈，跟着小姐姐玩玩具、看动画片，不亦乐乎，妈妈在旁边微笑地看着她们。过了一会儿，妈妈去卫生间了。贝贝左右环顾，但是一直没见妈妈，于是小声叫着："妈妈，妈妈……"慌乱地在每个房间找来找去。起初，妈妈在卫生间没听见，所以没有回答。贝贝大声哭起来："妈妈，妈妈……"后来，妈妈听见贝贝的哭声，连忙回应："妈妈在卫生间呢，很快就出来了。"听了妈妈的回应，贝贝的哭声戛然而止，但是她一直盯着卫生间的门，一看见妈妈出来就扑了过去。

从这幕情景中就可以知道，孩子一般都是黏着父母的，若一瞬间见不到父母，就会担心甚至有些恐惧，就会到处寻找，寻找未果，就会哇哇大哭。孩子对父母的依赖性特别强，因此若要孩子好好独处，首先家长要给孩子足够的安全感。那么如何能给孩子安全感呢？

首先，要对孩子信守承诺，不要为了达到一时的目的而选择"欺骗"孩子。在农村，每年都有无数父母离开孩子外出打工，很多外出打工的父母在出发前这样告诉孩子："你跟着奶奶出去玩，去逛超市，去玩好玩的，去买好吃的。"让奶奶抱走孩子，虽然不会出现与父母分开的场面，避免了孩子一时的哭闹，却给孩子留下了心理阴影。当他再次和父母团聚之后会魂不守舍，时刻担心父母又会离自己而去。所以，父母在离开孩子的时候，一定要说清楚，不要让孩子担心父母随时会失踪，而且一失踪就好长时间。孩子缺乏安全感，往往是家长们不妥当的做法导致的。其实，孩子也是讲道理的，虽然当时可能不会接受，但是慢慢他会理解的。

其次，要用游戏来引导孩子理解事物是怎么存在的，即使他看不见，但是依然存在着，爱也存在着。比如，可以带着孩子玩捉迷藏的游戏，最初玩的时候，躲在让孩子容易找到的地方，用声音指导孩子来找自己："宝宝，妈妈在哪里啊，你快来找妈妈。"孩子找到自己后，再接着下一轮游戏，游戏要注意由易到难。如果孩子万一找不到，父母不要长时间藏着，要想办法指引孩子找到自己。有时，也可以互换角色。经常玩这样的游戏，孩子就会理解，即使他这时看不到父母，父母依然在他身边。所以，当父母外出打工的时候，可以告诉孩子："宝宝，妈妈这次要藏得很远，要过很长时间才能回来。妈妈藏的那个地方，有一份重要的工作要做。奶奶和爷爷会在家里陪着你，妈妈和爸爸也会经常给你打电话的。"这样孩子就会理解，妈妈不是真正地离开了，而是因需要暂时藏起来了，他的内心就会少了很多恐惧。

再次，要时常和孩子保持联系。现在网络、电话等通讯工具便利，若父母在外打工，要定期与孩子通电话。偶尔孩子也有不接电话的时候，但是不要认为孩子不接电话就不打了，要坚持不懈。即使父母正在厨房做饭，孩子独自在客厅里玩耍，也要时不时伸出脑袋来观察一下孩子，和孩子进行情感交流和语言交流。哪怕一个微笑，用手摸摸孩子的头，孩子都会感觉到父母的爱，都会觉得踏实而安全。

仔细排查安全隐患

在孩子独处的房间里，家长要保证绝对安全。比如，有的房间里有开水瓶，有裸露的电线，有易打碎的花瓶，有没有关好的窗户，有孩子可以拿到的药品……很多很多的安全隐患，家长要引起足够的重视。

请看下面两个真实的小故事吧。

【案例】在一个偏远山区，妈妈到田里割猪草去了，3岁的女儿由80岁的爷爷照看。爷爷要去厕所，就让孩子坐在凳子上看电视，结果等爷爷回来的时候，他治疗哮喘的药瓶已经被打开了，孩子正在往嘴里塞药片。爷爷吓得直哆嗦，连忙将孩子送往医院。所幸抢救及时，孩子没有什么问题。

所以，家长一定要时刻注意，孩子有时真的会出其不意，家长千万不要疏忽大意。

【案例】在北方一些农村，每到冬天家家户户屋里烧火炉，火炉上方有烟囱直接伸出屋外。毛毛的家人都去院里晒太阳了，只留毛毛一个人在房里玩积木。时不时父母还去房间里看看，一切安好。过了10分钟左右，毛毛在房间哇哇大哭。等家人跑进去一看，毛毛的左手全部烫伤了，瞬间就起了一个个大水泡。原来，毛毛用手抱住了烧得正热的烟囱。

危险离孩子并不遥远，只是家长没有察觉到。孩子在身边的时候，不能有任何的侥幸，一不小心就会一失足成千古恨。所以，让孩子独处的时候，家长一定要认真排查房间里的安全隐患，尽可能考虑全面，不能有半点纰漏，否则就会酿成大祸。

教给孩子一些安全自护知识

孩子独处的时候，家长和教师要教给孩子一些基本的规则，比如不能做什么，可以做什么。这里的独处不是给孩子绝对的自由，只是相对的自由。

家长和教师可以通过背诵儿歌的方式，或做游戏的方式，教给孩子安全自护的知识，这样孩子更容易接受。

比如，针对食品安全可以编几句儿歌：

小朋友，要记好，安全自护很重要。

讲卫生，懂常识，避免生病把药吃。

吃零食，要洗手，小心病菌混入口。

吃水果，要削皮，去除"垃圾"保安全。

小冰棍，冰激凌，多吃太凉胃口疼。

小地摊，零食杂，为了安全不买它。

这样寓教于乐，非常利于孩子掌握安全知识。编写儿歌的时候，要注意一个基本的原则——合辙押韵，朗朗上口，方便孩子易懂易记。

除了儿歌外，还可以通过游戏的方式教给孩子们一些相关知识。比如在幼儿园里，教师带着孩子们模拟独处的现场，指导孩子们可以做什么，不能做什么。这样的方式更易让孩子们接受。

教给孩子安全自护的知识，既是家长的责任，又是教师的责任。家长和教师要紧密配合，把这项工作落到实处，确保每个孩子能安全、健康、快乐地成长。

对幼儿来说，独处是走向成熟的关键一步，从小培养孩子独处的能力非常重要。在培养孩子独处能力的时候要把握分寸，不然就会适得其反，所以不管是教师还是家长，都要用正确的方法去引导孩子。

第三节 对不法分子提高警惕

电影《亲爱的》《失孤》都和儿童被拐的故事相关，它们警示大家：孩子身边有很多不稳定、不安全的因素，需要家长时刻保持警惕。那么，家长该如何防范不法分子呢?

了解不法分子的作案手段

首先，不法分子一般以欺骗手段取得家长或者孩子的信任，通常以零食、饮料或者玩具等诱惑孩子。另外，他们会瞄准那些无人看管、独自在外玩耍的孩子，他们充分利用孩子少不谙事、好奇心强、贪吃贪玩等特点，以给糖果、玩具，去游乐园玩、去公园看小动物等手段诱骗孩子上当，取得孩子的信任，然后找准机会进行拐骗。

其次，假称是孩子父母的同事、朋友等身份和孩子套近乎，然后带着孩子去附近买吃的、喝的或玩具，取得孩子充分的信任后，直接拐骗得手。

再次，想办法接近孩子的爷爷奶奶，与其聊家长里短，为其解决一些小困难，取得信任之后，以帮忙照看孩子为名直接将孩子拐走。报纸上曾有过这样的报道：

【案例】有个妇女别有用心地租住了一处房子，房东是老两口，在家带孙子。这个妇女每天陪房东聊天，帮老人做家务，当然也帮忙哄孩子。一天，孩子午休醒来后吵闹不休，她就接过孩子哄，然后告诉老两口她要带孩子到街拐角的超市去买零食吃，结果一去不回。经过警方两个多月的追索，才追回了孩子。原来，这个妇女就是专职的"人贩子"。

这则报道警示我们，在我们的身边有不少"熟悉的陌生人"，不能掉以轻心，在没有深入了解的情况下，不能随便将孩子交给这些人。

最后，在人口密集地直接下手，比如超市、游乐场、小区等，趁家长松懈、照看不周的时候将孩子拐骗走。《今日说法》节目上有过这样一个故事：

【案例】一个大龄女青年失恋了，两年后她仍然无法自拔。某天，她心情低落地在小区溜达的时候，突然看见小区里有许多小孩，顿时起了歹心。她走向一个落单的孩子，不知道对孩子说了些什么，然后抱起这个孩子千里迢迢去找男朋友了，说这个孩子是自己和男朋友亲生的。

可见，并不是所有被拐骗的孩子都是惯犯做的，有的时候也是临时起意。隐藏在孩子身边的危险防不胜防，当家长了解了这些不法分子的作案手段之后，对照自己的言行自查，看看自己有没有过这样的经历，以后应该注意些什么，怎么避免悲剧的发生。

积极采取有效的防备措施

1. 家长需加强防范

【案例】有位妈妈带着孩子去逛超市，孩子吵闹着要坐摇摇车，于是妈妈将孩子放在摇摇车上，给了孩子一把硬币，然后嘱咐孩子："宝宝，就在这里等妈妈，千万不要离开，好不好？"结果等她回来的时候，发现孩子无影无踪。后来调出监控，发现一个年轻女子陪孩子玩了几分钟，随后就抱着孩子离开超市了。

因此，家长千万不要大意，不要认为已经给孩子交代了注意的事项，孩子就会照着去做。孩子太小，缺乏分辨能力，妈妈交代的事情不一定牢记于心。万无一失的做法就是在人多的场合，不要让孩子离开自己的视线。

（1）在人口流动量大的地方，如车站、码头、名胜风景区、超市等，一定要紧紧抓住孩子的手，不能轻易松开，若被人流冲散，找回孩子很费神。

（2）在游乐场所玩耍的时候，将孩子送到旋转木马、电动车、摩天轮等一些游乐设施上之后，不要两眼只顾盯着手机，更不要随便离开孩子玩耍的场所。

（3）不要将孩子单独留在一个地方，比如在公园玩耍，大人去卫生间时，要让孩子寸步不离地跟在身边，千万不能让孩子一个人待在某个地方等大人。

（4）不要将孩子随便交给外人照顾。这点对爷爷奶奶来说，可能经历得多一些，比如将孩子交给其他小朋友的家长照看一会儿，将孩子交给商店的工作人员照顾，或者将孩子交给自己并不是太了解的租户或者房东照顾。

（5）不要在太晚或者太早的时候带孩子出门，在马路上行走时，注意防范附近的摩托车、面包车等。

2. 教给孩子一些本领

（1）父母的电话号码、家庭住址要记熟，牢记于心。

（2）教会孩子求救。告诉孩子，若有陌生人对自己强抱强拉，要大声呼救，必要的时候可损坏别人的东西，引起周边人的注意。

（3）告诉孩子，如果与家人走散，要先给爸爸妈妈打电话，当不记得电话号码时，要找穿制服的警察叔叔，如果找不到求助人，可拨打110报警电话。千万不能随便求助。

（4）告诉孩子，从幼儿园放学回家，若是不认识的人接自己回家，一定要先给父母打电话确认后才能跟着走，不能轻信别人。若孩子是女孩，还要交代一句，即使是熟悉的叔叔伯伯来接，也不要轻易跟着走，一定要先联系父母。

不管不法分子多么狡猾，只要家长增强防范意识，做有心人，多教给孩子相关的知识，就一定能避免悲剧的发生。

第四节 孩子必须学会的安全自护教育

一直以来，儿童意外事故频频发生，而且相当大的比例是由于孩子们缺乏自我保护能力和安全常识所造成的。因此，加强安全教育，培养孩子的自我保护能力特别重要。

加强孩子的安全自护教育，应该家园同心，家长、教师密切配合，培养孩子的安全意识，提高孩子的自我保护能力。

作为幼儿教师，对孩子们进行安全自护教育，可以从以下方面进行。

在常规教育中渗透安全自护教育

好习惯成就一切，同样，良好的生活习惯也是安全的重要保障。

教师要明确告诉孩子们，一日生活中各项活动的具体要求，让孩子们知道怎样做才对，怎样做不对。教师要有耐心，因为孩子的心智不成熟，自觉性、自制力、记忆力都比较差，很难通过一次两次的讲解产生良好的教育效果。幼儿教师要有心理准备，和孩子们的坏习惯打持久战。

教师除了教给孩子们方法外，还要不断督促检查，经常提醒孩子们；同时让家长在家里加强监督，使孩子们的良好习惯得到强化，逐步形成自觉的习惯。比如，教师带孩子们下楼的时候，告诉孩子们下楼梯时，要靠右边慢慢下来，不能从扶手上滑下来；送孩子们坐校车回家的时候，告诉孩子们不能将身体、头、手伸出窗外，乘车过程中不能离开座位，更不能在车里走动，下车的时候要排队；当孩子们吃饭的时候，要先感觉饭菜的温度，然后再吃，避免烫伤；在孩子们喝水的时候，告诉孩子们倒水时要将杯口对准饮水机的出水处，不能一次性倒得太满；孩子们上卫生间的时候，告诉孩子们要注意有水的地方不能走，防止滑倒；玻璃杯不小心掉在地上摔碎了，告诉孩子们老师会及时清理地面，他们不能靠近有玻璃碎片的地方，小心划伤……

安全自护教育就渗透在孩子们生活的方方面面，幼儿教师要做有心人，抓住一切契机对孩子们进行教育。

另外，对于运动规则、生活制度、集体纪律等，幼儿教师应利用适当的机会对孩子们加以引导教育，使孩子们学会正确地分析情况，避免伤害。遇到紧急情况时会躲闪，会喊叫求援，以确保自己的安全。

教师还应该将幼儿园所教的内容及时告诉家长，家长在家里也需要严格要求孩子，这样形成教育合力，让孩子养成良好的生活习惯，安全才有保障。

在游戏中培养安全自护意识

游戏是孩子们最喜欢的活动，幼儿教师要通过游戏来培养孩子们的安全自护意识。根据孩子们的特点，教师可以设计丰富多彩的游戏。通过"大家来找茬"的活动，让孩子们认识到哪些行为举止是不合适的，是有安全隐患的，应该杜绝；哪些做法是可取的、适当的，应该牢记。

设置两张图片，时间相同，人物相同，场景相同，发生的事件也相同，但是当事人处理事情的方法不一样，让孩子们睁大眼睛，仔细辨一辨谁做得对，谁做得不对，并说明原因。让孩子们从"找茬"中明白什么是正确的行为，什么是不正确的行为。

通过"地震来了"，让孩子们了解地震发生后应该怎么做。

首先，教师要给孩子们讲清楚，地震发生时到底应该怎么办。然后，在教室里模拟地震发生时的情景，让两个孩子来表演，地震来了后他们应该怎么做。最后让其他孩子评论谁做得好，谁做得不好，应该怎么做，为什么。经过这样反复训练几次之后，让全班孩子一起模拟演练，让孩子们在游戏中明白地震发生时和发生后应该怎么做。

儿歌诵读也是比较好的游戏，可以让孩子们将安全常识牢记于心，并常常温习，增强安全意识。比如，针对火灾可以编写下面的儿歌：

火灾来了莫慌神，
要想办法不要怕；
如果火苗烧得小，
提桶冷水灭掉它；
如果火苗烧得大，
赶快跑到屋外吧；
千万不要待在家，
不能爬窗跳楼下，
切莫躲在衣柜里，
记住赶快打 119。

在主题活动中提高孩子的安全意识

幼儿园应该针对孩子们的年龄特点，每个学期都要根据安全自护教育的内容，设计各种各样的主题活动。通过开展主题活动，来提高孩子们的安全意识。

安全意识的培养还需要家长的配合。家长要结合幼儿园的安全教育活动，有意识地督促孩子巩固幼儿园所学，检验学习效果，让安全意识深入孩子们的内心深处。

第五节　哪些事情绝对不能做

孩子对世界充满了好奇，什么都想试一试，什么都想玩一玩，在他们眼中，一切都是美好的、温和的、讨人喜欢的。为了确保孩子的安全，有些不能触碰的底线，家长和教师一定要教给孩子们。

防火教育

火是明亮的，红红的，热热的，对孩子来说很新奇，总想看一看、摸一摸。

【案例】在农村生活的跳跳，在火炉边和爸爸妈妈取暖。跳跳看见爸爸不断往炉膛里添柴火，觉得有趣极了，因此时不时把炉门拉开，蹲下小小的身体，往里张望，炉膛里火红一片，美丽极了。于是，跳跳也帮起了忙，不时放置几根柴火进去。爸爸妈妈在旁边反复叮嘱跳跳，不要靠近火炉，以免烫伤。但是跳跳若无其事，玩得不亦乐乎。

妈妈是小学教师，她灵机一动，拿出打火机，对跳跳说："跳跳，你玩打火机吗？"

跳跳兴高采烈地接了过去，翻来覆去地看，不住地按住按钮，一按一松，小小的火苗在跳跳眼前跳跃着，跳跳更开心了。突然，跳跳号啕大哭，把打火机扔在地上，不停地摆着手。爸爸慌了，抱起跳跳着急地问："怎么啦？怎么啦？"

"好烫，好烫，我不玩这个。"跳跳边哭边嚷。

爸爸一看，跳跳只是一个手指被烫红了，并无大碍，正要责怪妈妈。妈妈抱过跳跳，替他抹干眼泪，吹吹小手，和颜悦色地问："跳跳知道为什么手被烫了吗？"跳跳摇摇头。

妈妈拉开炉门，指着熊熊燃烧的火焰对跳跳说："瞧，就是这个火啊。"顿了顿，妈妈又说："跳跳，刚才你只是被打火机的小火苗烫了一下，都很烫。火炉里这么大的火，该有多烫啊，而且火星如果溅在你的手上，手上的皮肤会被烫破，那会更疼的。"

跳跳嘟囔了一句："火真讨厌！"

"火不讨厌啊，只是火不是玩的东西，火是用来做饭的，烧开水和取暖的，没有火不成啊。"妈妈继续教育着。

跳跳若有所思地点点头。妈妈又告诉他："小朋友不能碰火，因为太危险。今天还算幸运，你的手指只是烫红了。记住了没有？"跳跳不停点头，重复着妈妈的话："小朋友不能碰火，因为太危险。"爸爸也不责怪妈妈了。

孩子的好奇心强，家长说一千道一万，孩子也不懂得危险到底有多严重。只有让孩子在一定范围内经历了痛，才会引起孩子的警觉，才能知道火是不能碰的。所以，家长在进行防火教育的时候，可以让孩子体验一下，吃一点小苦，记得更清楚。

防溺水教育

全国各地，每年都有儿童溺亡的惨痛教训，因此，防溺水教育要从娃娃抓起。

孩子特别爱玩水，有的孩子经常偷偷跑到卫生间去，在没人陪伴的情况下，一玩就是好久；下雨天，有些孩子就用脚踏地上的泥水，鞋子、衣服全部湿透了，头发上不断往下滴泥水，自己却乐得开怀大笑。这些都说明了孩子特别喜欢水，喜欢亲近水。所以，防溺水教育不是要孩子远离水，因为家长越控制，孩子可能越想接近，会适得其反。

防溺水教育可以从以下几个方面入手。

1. 和孩子一起学游泳

家长可以先学会游泳，然后带着孩子一起学。家长若认为自己不够专业，要请专职的教练教孩子，这样孩子学起来更容易，技术更科学，效果会更好。但是，家长不要将孩子交给教练就置之不理了，要在一旁陪同，行使陪伴的责任。因为孩子身体素质不好，应变能力弱，哪怕在游泳池中进行了全副武装，有教练在旁边，也可能存在危险。家长要时刻近距离陪伴、观察孩子，若有危险，及时应对。

2. 不要认为游泳圈是万能的

有的家长带孩子去游泳，为了防止意外，扔给孩子一个游泳圈就认为安全了。其实游泳圈并不能确保万无一失。

【案例】暑假，爸爸带着孩子到水库游泳，爸爸游兴颇高，从水库的东边游到了西边，让孩子戴着游泳圈在入水的地方漂浮着。可是等爸爸从西边游回来的时候，水面上只漂浮着一个游泳圈，孩子不见了。在水库里打捞了两天，才找到孩子的尸体。专家分析，孩子大概是在水中泡得久了，身体发生了痉挛，便从游泳圈中落水了。

只有家长才是孩子忠实的守护神，游泳圈远远不能替代家长。因此，家长一定要引起足够的重视，游泳的时候，一定要时刻守护在孩子身边，不能有任何大意。

3.慎重选择游泳地点

溺水事故通常发生在水库、小河或者是池塘。因此，家长一定要给孩子灌输一种意识：池塘、水库和河里都不是游泳的场所，游泳还是要选择设施良好的游泳池，这样安全才有一定的保障。

家长也要注意，自己也不要去野外的游泳场所，免得让孩子误解，认为等他长大一些的时候，就可以到野外去游泳。

4.补充几点注意

住在乡下，房前屋后可能有池塘、小河。家长一定要交代孩子，池塘、小河边是不能独自去的，那里非常危险；同时，不能让孩子远离自己的视线，因为悲剧往往发生在一瞬间。

用浴缸洗澡的时候，也要告诉孩子不能在浴缸里久泡。同时，孩子在浴缸里洗澡的时候，家长要专心陪着孩子。曾有媒体报道过，一个妈妈在看手机，仅仅几分钟的时间，孩子就淹死在了浴缸中。家长们千万不能大意，危险就在身边，要随时提高警惕。

若孩子实在喜欢玩水，家长应该怎么办？那就在脸盆里放满水，让孩子尽情玩，不能因噎废食。

其他教育

1.防电教育

防电教育也是非常重要的。家里若有孩子，家长一定要细心排查家里电线是否有裸露的，家里的插头是否都完好，家里的电器是否存在漏电的情况。同时告诫家人及保姆在开关电器时动作要规范，因为成人不规范的动作常常成为孩子的模仿榜样。总之，家里要确保用电安全。

对孩子进行防触电教育，首先要告诉孩子哪些带电的东西绝对不能碰，必须远离。如不能随便玩电器，不能用剪刀剪电线，不能用小刀刻划电线，不能把铁丝插到电源插座里，不能随便摸插座、插头、电灯等带电物品，不能拽电线玩，特别是一头断开的电线。外出时要远离高压电线、高压电器；下雨天不要站在电线杆和变压器下面。

　　另外，还要教会孩子应对一些突发情况。例如看电视时，突然发现电视机的插头和插座接触不良，孩子应该放弃看电视，并叫爸爸妈妈或其他成年人修理，不要自己动插头插座或叫其他小朋友帮忙。当孩子闻到烤焦的味道时，要立即通知家长。一旦其他小朋友触电了，千万不能用手去拉触电的小朋友，而应大声呼救，等大人过来处理。

　　有些孩子很调皮，喜欢将手伸进插座的黑洞洞里去。若家长发现孩子这样的举动，一定要严厉警告孩子：电流是看不见、摸不着的，但是电有个别名——"电老虎"，只要人碰到了电，就会被电击，甚至会被电死。除了警告，还可以对孩子进行一些"惩戒"教育，比如罚坐乖乖椅，罚不准吃零食等。总之，要让孩子吃点苦头，知道碰了插座是要受苦的，这样孩子才能引以为戒。

　　2. 煤气安全教育

　　煤气是日常生活中的必需品之一，幼儿的好奇心较强，总是对一些不熟悉的物品充满了探索欲，看到煤气开关总想拧一拧。煤气的正确使用关乎着生命安全和财产安全，因此，幼儿教师和家长一定要对孩子进行煤气安全教育。在幼儿园，必须开展相关课程或活动，让孩子们了解煤气的作用和危险性，知道煤气对身体有害不能乱动，知道人在煤气中毒时会产生的一些生理反应，知道正确使用煤气的方法，遇到煤气泄漏时知道如何自救。

　　教师可以准备一个仿真煤气罐玩具，各种煤气燃具小图片一套，煤气泄漏和爆炸的视频。教师提问："我们每天都要吃饭，爸爸妈妈是用什么把饭菜烧熟的呢？在我们的生活中还有哪些地方会用到煤气呢？你们家的煤气是从哪里来的？"

　　教师根据孩子们的回答出示仿真煤气罐玩具及各种煤气燃具小图片，然后进行简单的总结："我们家用的煤气有两种，一种是管道煤气，一种是罐装煤气。它们给我们带来了许多方便，能烧水、烧饭、烧菜、煲汤等。煤气的用处很多，可是如果不正确使用，煤气也会给我们带来许多危害。"让孩子们观看有关煤气使用的视频，帮助孩子们初步了解在哪些情况下会发生漏气或爆炸。

　　教师提问："刚才视频里面发生了什么事情？"孩子们回答："煤气漏了。""煤气爆炸了。"……

教师提问："我们怎样知道漏气了？如何辨别呢？"孩子们回答："漏气了会有难闻的气味。""会有吱吱的声音。"……教师根据孩子们的回答进行总结。

教师提问："我们人体吸进了这些有毒的煤气后会有哪些反应呢？"孩子们回答："会头晕。""会呼吸不了。""会晕倒。"……教师根据孩子们的回答进行总结。

教师引导孩子们观看几幅关于煤气不正确操作的图片，然后提问，组织孩子们进行讨论："他这样做对吗？为什么？我们能不能这样做？我们应该怎样安全使用煤气？"然后教师根据孩子们的回答进行总结："煤气开关是控制管道内煤气进出的门，如果小朋友玩弄开关，就容易造成煤气中毒，会带来生命危险。因此，当成人在厨房使用煤气烹饪或成人不在场时，小朋友尽量不到厨房里玩耍。在家中，小朋友不要自己随便动煤气灶的开关。锅里的东西烧开后，要及时将火关小或关掉。如果不及时关火，锅内的东西会溢出来将火扑灭，煤气还在继续向外流出，这样容易造成煤气中毒。如果闻到煤气味时，要及时提醒家里的成人，赶快打开门窗通风，让新鲜空气进来。当煤气泄漏严重时，要及时从安全通道离开，不乘坐电梯、不按门铃。到达安全地方时打 119 报警。"

3. 阳台安全教育

阳台虽然是一个放松的地方，但对于孩子来说是需要特别注意的危险地方。因此，幼儿教师和家长一定要对孩子进行阳台安全教育。在幼儿园可以开展相关课程或活动，引导孩子们了解阳台的主要功能，帮助孩子们了解阳台上的安全知识，使孩子们初步建立自我保护意识。

教师需要准备录像机、录像带、电话机、幼儿操作卡片。教师提问："小朋友家里是不是都有阳台？你们都在阳台上做些什么？"教师根据孩子们的回答进行总结："阳台是一个伸向屋外的平台，它可以接触到更多的空气和阳光。有的人在阳台上晒衣服、养花、养鱼，有的人在阳台上锻炼身体。夏天还可以在阳台上乘凉。"

教师组织孩子们观看录像，讨论在阳台上哪些行为是对的，哪些是错的。

片段一：一位小朋友往阳台外扔东西。

片段二：一位小朋友将头和身体伸向阳台外喊楼下的小朋友。

片段三：一位小朋友将身体伸向阳台外拿手帕。

片段四：一位小朋友在阳台上玩，忽然风将阳台门吹上了。

教师引导孩子们分段观看录像，每看完一段，建议这样提问："这位小朋友的行为哪里错了，为什么？应该怎样做？"

教师根据孩子们的回答进行总结："不能往阳台外扔东西，这样会砸伤他人。不能将头和身体伸向阳台外。在阳台上取晒衣架上的东西时，不能将身子探出护栏，应该用衣钩将衣物钩到可以拿到的地方再取回，否则会发生危险。如果阳台门被风吹得自动关上，要敲门提醒屋里的人，请他们帮忙。"

4. 电扇安全教育

许多孩子对电扇非常感兴趣，看见它不停地转动，送出凉风，忍不住想摸一摸。家长一定要告诉孩子不要把手指伸进电扇的保护网内，因为电扇会"咬掉"手指；提醒孩子要远离电扇，即使电扇关闭时也要远离，因为一旦养成了手摸电扇的习惯，孩子可不管电扇是不是开着。

5. 防小动物教育

孩子天生喜欢小动物，只要看到小动物就想亲近，就想摸一摸。现在很多家庭都喂养了小动物。虽然养小动物能培养孩子的爱心，但是家长必须清楚地认识到，养小动物会存在一些安全隐患。家中养的小猫、小狗一定要打狂犬疫苗。

街头巷尾往往有些流浪猫、流浪狗，不知来历，很是危险。因此，家长要教给孩子"狂犬病"的概念，告诉孩子，流浪的猫和狗是不能随便碰、随便抱的，要尽量远离，因为它们会咬人、抓人。如果万一被抓伤、咬伤，千万不能隐瞒，要及时告诉家长，并去打疫苗。

第六节　你的私处别人不能碰

英国《小学生守则》第二条明确规定：背心、裤衩覆盖的地方不许别人摸。其实，这是在告诉孩子，你的私处别人不能碰！

中国人比较内敛，哪怕是父母都不好意思跟孩子谈性，正因为大家怕谈，导致孩子缺乏自我保护的意识，不懂得保护自己。曾有数据表明，全球女孩被性侵的比例是 20%，男孩是 8%。从中可以看出，全球幼童被性侵的问题比较严重。

网上有过这样一个帖子，讲述的是一个女孩 4 岁时被性侵的事。小时候，她经常穿着洋气的皮鞋、公主裙，性格活泼开朗，不认生，左邻右舍的叔叔阿姨都很喜欢她，经常带她出去玩。有一天，她被一个隔壁的叔叔抱出去了，到了一个荒无人烟的大树下，然后叔叔脱下了她的裤子……这段经历成为她心中永远的痛，从此她变得内向了，不快乐了。

作为父母，千万不要被表面的现象蒙蔽，一定要给孩子最好的保护，让孩子身心健康、快乐成长。

明确告诉孩子什么是私处

孩子年龄小，不明白什么叫私处。家长和教师应该明确告诉男孩，他的阴茎、睾丸、肛门就是私处；明确告诉女孩，她的乳房、阴部、肛门，这些是非常隐私的部位。家长和教师也可以像英国《小学生守则》那样告诉孩子，背心和裤衩覆盖的地方都是私处。

明确告诉孩子自己的私处别人不能碰

家长和教师都要直截了当地告诉孩子：自己的私处，除了爸爸妈妈，谁都不能碰。也有例外，那就是父母带着自己去医院做检查，医生可以触碰，而且检查身体的时候爸爸妈妈必须有一人在场。

有些小朋友对身体充满了好奇，相互之间会提出看看你的私处，摸摸你的私处。一定要告诉孩子，不管多么要好的朋友，都不能答应这个要求。当然，家长和教师也要告诉孩子不能看或摸别人的私处。

家长增强对孩子的保护意识

成年人对幼童性侵，往往熟人作案居多。因此，家长不要认为谁都可以信任，知人知面不知心，一定要有保护孩子的意识。

特别是家里有女童的父母，在孩子无人照顾的时候，不要托付给独居的男性看护，不管这个男性是不是自己的亲戚，是不是自己最值得信任的朋友。更不能让男性将自己的孩子以各种借口带出去玩。家长要教育孩子，不要单独跟家人以外的陌生人待在一起。

不认生的孩子都比较讨人喜欢，别人一逗，孩子就露出笑颜，带着玩一会儿，就马上可以和对方成为好朋友。但是，这样的孩子因为不怕生，也会带来一些安全隐患。因此，家长一定要教育自己的孩子，要有自我保护意识。若有熟人带自己出去玩耍，不能擅自答应，一定要征得爸爸妈妈的同意才能出去。若对方执意带自己出去，就要大声叫嚷，引起大家的注意。

教育孩子保护自己的私处

有些情况防不胜防。因此，家长必须教给孩子一些自我保护的方法。若对方要自己脱下衣服，要大声呼救，想办法离开。若受到猥亵，一定要在第一时间告诉家长，不能隐瞒，家长永远是孩子最大的保护者。教育孩子不要听别人的威胁，坏人就该被绳之以法。

幼儿教师也要从多个方面去教育、引导孩子，让孩子学会自我保护。总之，不管是家长还是教师，都要加强对孩子的性教育，保护好孩子，让孩子避免受到伤害。

第七章

幼儿期如何
最大限度地开发孩子的潜能

中国自古就有这样一句话："3岁看大，7岁看老。"其实，这里面包含了孩子心理发展的规律。《面向21世纪教育振兴行动计划》也明确提出："实施素质教育，要从幼儿阶段抓起。"这说明我国将孩子的早期教育已视为素质教育的重要组成部分，同时也充分说明早期教育是素质教育顺利实施的基础。因此，家长和幼儿教师对孩子的素质教育要引起重视。

第一节 孩子的潜能开发有方法

孩子的潜能是一座金矿，就看怎样发掘。孩子比你想象的还要聪明！你是否真正地了解他们？是否会科学合理地开发他们的潜能、有效地引导和教育他们？孩子的将来在于现在的发现和培养！今天的一分投入，明天将收获百分的惊喜。

音乐智能

音乐智能是在人类个体天赋中最早出现的，童年时期是一个人音乐智能发展的关键时期。尤其是 3～5 岁，是培养孩子对节奏和音调敏感度的关键期。

音乐智能强的人能察觉、分辨、变幻、表达音乐，对节奏、音调、旋律或音色比较敏感。因此，从小培养孩子的音乐潜能，不仅有利于孩子的学习、智能发展，而且有利于孩子对今后的人生道路的选择。

如果每天让孩子保持在伴随音乐的环境下活动 2 小时，爸爸妈妈就会惊奇地发现，孩子对一切事物的学习和接受能力是那么惊人。由于长期在优美动听的音乐刺激下，孩子大脑细胞的活跃程度要比平常高 1 倍以上。聆听音乐的孩子比别的孩子聪明也就理所当然了。

1. 常常欣赏童谣

家长和教师要多为孩子挑选一些活泼欢快、歌词简单易懂的童谣，经常带着孩子听一听，同时引导孩子关注童谣的节奏、音色、旋律的起伏、乐曲所传达的情感等，让孩子喜欢音乐，带着愉快的情绪感受音乐。

客厅里、卧室里都可以摆放播音乐的设备。外出旅行的车上，带孩子欣赏童谣；上幼儿园的路上，自己哼唱童谣给孩子听；看电视节目的时候，选择少儿电视台的童谣节目。总之，让孩子随时随地都能聆听到动听的音乐。

在教室里，幼儿教师也要经常带着孩子们欣赏音乐。在孩子们制作手工或听故事的时候，教师可以播放一些舒缓的钢琴曲，既可以调节气氛，又可以培养孩子们的艺术欣赏力；在午睡的时候，为了让孩子们快速入睡，可以播放一些轻柔的轻音乐，比如《万福玛利亚》《卡农》《天鹅湖》《爱的礼赞》

等；在孩子们游戏的时候，可以播放一些欢快的音乐。

教师还可以播放一段音乐，让孩子们随着音乐起舞。孩子们虽然年龄小，但对音乐都有自己的理解。让他们自由自在地放松心情，也是他们喜欢的方式。

总之，幼儿园教室不能缺少音乐，孩子们的生活中不能没有音乐。

2. 听童谣唱又跳

只欣赏童谣还不够，还要让孩子试着学唱童谣。最初孩子可能因为胆小，不敢唱，但只要家长和教师多鼓励，在家里家长跟着孩子唱一唱，在幼儿园里教师带着全班小朋友唱，孩子就会逐渐大胆起来，也敢放声歌唱了。

很多孩子听音乐的时候，就会摇摇晃晃地用舞蹈来表达对音乐的理解。家长和教师可以有意识地培养孩子的节奏感，引导孩子跟着童谣一起摇摆。长期这样训练，孩子就会有一定的音乐表达能力，而且更喜欢音乐。

3. 多玩声音游戏

孩子爱制造噪音。比如，他们会在椅子上摇来摇去，听椅子和地面摩擦的声音；他们会用勺子敲击碗的边沿，而且越敲越觉得新鲜，声音越来越大；他们会抱着树使劲摇，只为听听树叶的沙沙声……当孩子这样做的时候，家长千万不能蛮横制止。孩子这样做，其实是在玩属于他自己的声音游戏。当然，孩子玩得太过分了家长还是要制止，若家里来了很多客人，他叮叮咚咚地敲碗，那是必须制止的。

除了这样的声音游戏之外，家长还可以有意识地引导孩子玩一些"音乐"游戏。比如，妈妈有节奏地拍掌，让爸爸和孩子一起比赛模仿，看谁模仿得更好；还可以玩踏脚的游戏，同样踏出节奏；甚至，家人还可以开一个小型音乐会，可以演奏乐器、唱歌、模拟小动物的声音等。通过这些方式来培养孩子对声音的敏感度，对音乐的热爱。

教师可以有意识地找来很多可以发声的玩具，引导全班孩子一起玩耍，引导孩子们鼓捣出声音，听声音，说说这些声音是否好听，甚至还可以和孩子们一起探讨如何做发出的声音更好听。教师不要担心课堂太乱，要让孩子们在课堂上尽情玩耍，激发孩子们对声音的兴趣。

教师还可以播放一段音乐，让孩子们闭上眼睛倾听，教师在旁边引导：

你听到了什么？看到了什么画面？然后让每个孩子说出他的感受。在此过程中，孩子们不但欣赏了音乐，而且还发挥了他们的丰富想象力。

4. 学习乐器

乐器的学习需要手眼协调分工，这对带动孩子其他方面的智能发展也有一定的帮助。孩子都不爱学习乐器，因为学乐器很辛苦。家长要激发孩子学习乐器的兴趣，就需要一些技巧了。

首先，家长可以有意识地带孩子去欣赏专业人士表演乐器，有意识地为表演的专家鼓掌，并趁机问问孩子愿不愿意学习；其次，家长可以带孩子去售卖乐器的地方，让孩子摸摸钢琴，拨拨古筝，让孩子感受美妙的声音就是自己弹奏出来的；再次，家长可以带孩子去乐器培训的地方参观，看看别的小朋友是怎么上课的，是不是很有趣……总之，家长要善于想办法，不要指望孩子天生就爱乐器表演。

虽然现在引导孩子们学习乐器的课程不是很多，但是为了激发孩子们对乐器的兴趣，教师可以在教室里表演自己拿手的本领，为孩子们演奏一曲；也可以在幼儿园的节目汇演上施展自己的特长，为孩子们表演个节目。孩子们一定会纷纷投来敬佩及惊羡的目光，会激发起学习乐器的浓厚兴趣。

运动智能

开发和训练孩子的运动能力，首先要让孩子在玩中体验到运动的快乐。

家长可以有意识地引导孩子多看一些运动会比赛项目，如田径比赛、篮球赛、排球赛、足球赛……让孩子体验运动场上运动员的拼搏精神，潜移默化地帮孩子开发运动潜能。

家长在陪孩子玩耍的时候，也要和孩子一起运动，例如跑步、立定跳远、跳绳等，这些运动都不受时间、场地的限制，可以随时进行。

另外，家长一定要保证孩子足够的户外活动的时间。户外活动不仅可以给予孩子充分锻炼身体的机会，同时也是孩子身体健康成长所必需的。家长不论多忙，都要与孩子一起进行户外锻炼，如果天气晴好，还可以邀请小伙伴一起在户外活动，这样孩子会更开心。

教师可以在操场上带领着孩子们慢跑，在慢跑的过程中要关注每个孩子的体能差异，有的孩子可能不适应这样的运动。跑完后，教师要仔细检查孩子们是否出汗，以防感冒。立定跳远也是一种很好的训练方式。教师可以选择一个适合的场地，教孩子们立定跳远的基本方法，让孩子们练习跳一跳。不要求孩子们跳多远，但是要让他们双脚起跳，训练他们的运动能力。

幼儿教师要特别注意，不能因为组织孩子们进行课外活动麻烦比较多，存在一些安全隐患，就减少孩子们户外活动的时间；更不能一说户外活动，就是带着孩子们手牵手散步，要引导孩子们动起来，做一些有趣的户外游戏，既能使孩子们感受到快乐，达到运动的目的，又不能让孩子们累着或者受伤。这个度一定要把握好。

语言智能

语言是交流和思维的工具。幼儿期是语言发展，特别是口语发展的重要时期。幼儿语言的发展贯穿于各个领域，也对其他领域的学习与发展有着重要的影响；幼儿在运用语言进行交流的同时，也在发展着人际交往能力、理解他人和判断交往情境的能力、组织自己思想的能力。那么该如何激发孩子的语言潜能呢？都有哪些好的方法？

1. 培养孩子对语言的好奇心

好奇心是学习知识的动力，如果孩子对语言没有好奇心，就不会产生对语言学习的兴趣，他的语言能力就会发展得比较慢。相反，如果父母在孩子很小的时候就开始对孩子的语言能力进行开发，孩子自然就会对语言产生浓厚的兴趣及学习的欲望。

当爸爸妈妈看到各式各样的广告、店铺招牌时，可以指导孩子认一些简单的字，再用这个字说一个词语。经常这样训练，孩子就会逐渐爱上这种语言文字游戏。

2. 为孩子创设开发语言潜能的环境

为孩子创设开发语言潜能的环境，这一点非常重要。父母应该与孩子经常交谈，或者多做一些亲子活动，这是提高孩子语言发展潜能的重要途径。

不要想着借助电视和一些多媒体来开发孩子的语言潜能。因为孩子和家长的互动，不只是语言的交流，还有情感的交流，这是电子产品无法替代的。

3. 利用好优秀的儿童读物

优秀的儿童文学作品是由许多儿童文学家精心提炼而成的，语言生动、形象，韵律感强，富有创造性和形象性，对培养孩子的语感有很大帮助。常常给孩子读一读经典作品，孩子会受益终身。

【案例】晚上，又到了亲子故事的时间，妈妈给豆豆讲了《可爱的小白兔》。听完故事后，妈妈问豆豆："小白兔的毛是什么颜色的？有两只什么样的耳朵？爱吃什么？走路是什么样子的？"

让孩子听完故事后进行说话练习，这样孩子的注意力容易集中，也记得牢。孩子在2～3岁时，家长可以引导孩子看绘本，不仅向孩子提问，而且可以让孩子提问，家长和孩子一起寻找答案。

幼儿教师同样担负着培养孩子们语言智能发展的重要责任，因此教师要充分利用孩子们在幼儿园的时间，激发他们的语言学习兴趣，创设幼儿想说、愿意说的轻松的语言环境，给予他们机会多说、多表达。

社会交往能力

如今的孩子大部分是独生子女，平时与其他小朋友交往的机会也比较少。父母要充分利用孩子到户外活动的时间，鼓励孩子主动与其他小朋友交往。对于一些性格相对内向的孩子来说，要鼓励他接受其他小朋友的邀请，与他人交往，甚至鼓励孩子主动邀请其他小朋友一起玩耍。

1. 多鼓励孩子

要想提升孩子的社会交往能力，父母应该多用鼓励、表扬的语言去引导孩子。

有些孩子天生内向，也许一开始的改变会让他感到很难适应，只要孩子勇敢地尝试和小朋友交往，家长就要鼓励、表扬他的进步。

【案例】聪聪的父母经常带聪聪去参加一些集体活动，比如社区组织的小朋友运动会、集体游戏、爬山活动……聪聪的父母对聪聪说："在和小朋友一起玩时，要和睦相处，互相谦让，有问题时商量着解决……"

在集体活动中，孩子与同龄的小朋友在一起，他们会相互学习相处之道及人际问题的解决方式。在与其他小朋友交往的过程中，家长需要教育孩子以诚待人、礼貌待人。

在集体活动中，教师要引导孩子们友好相处，要懂得以诚待人、礼貌待人。当孩子之间产生矛盾后，教师要引导他们解决矛盾，矛盾解决之后要握手言和；当孩子们的表现有进步时，教师要及时表扬、鼓励。

【案例】教室里，津津和铭铭不知道为什么事，你推搡我一下，我拉扯你一下，突然津津狠狠地打了铭铭一巴掌，铭铭疼得哭了起来。

蓝蓝老师发现后并没有呵斥谁，只是拉过铭铭的小手，为他擦干了眼泪。津津低着头，乜斜着铭铭，什么都不说。等铭铭不哭了，蓝蓝老师问："津津，你有话对铭铭说吗？""老师，我不该打他。"津津这时不再气鼓鼓的了，大概心情平静了。"很好，知道自己错了。那错了应该怎么办啊？""我应该对铭铭说对不起。"还没等蓝蓝老师开口，津津就走到铭铭身边说："铭铭，对不起，我不该打你。"蓝蓝老师在一旁笑了。但是，铭铭还觉得委屈，什么都没说。"铭铭，是不是还很疼啊？"铭铭摇摇头。"那津津已经道歉了，你应该怎么做啊？"铭铭不好意思地说："我应该说没关系。""哇，两个小朋友都很棒。一个打了小朋友，能及时说对不起；另一个小朋友很大度，能宽容别人的错误，说没关系。"

蓝蓝老师用了冷处理的方法，让孩子们自己反省，让孩子们自己学着道歉。这样的方法非常有效，孩子们不仅知道自己错了，而且知道错了应该怎么做，提高了自己和小朋友相处的能力。

2. 言传身教，为孩子树立好榜样

大人的待人处事之道，对孩子的影响是深远的。

带孩子外出时，一条路可能会遇到邻居和他家的小朋友；另一条则是僻静无人的小路。你会选择哪条路呢？如果你选择第一条路，那么恭喜你，你会教给孩子好的人际交往示范。

你同邻居热情地打招呼，向小朋友问好，然后和家长寒暄，最后道别说"再见"，整个过程都被你的孩子记在心里。以后遇到相同的情况他就知道如何自如地应对了。

幼儿教师要时时想到自己是孩子的榜样，待人接物要有礼有节，对待同事和家长要谦虚、亲切。

【案例】有一次，梓童的奶奶气势汹汹地来幼儿园找燕妮老师，当着很多小朋友的面，奶奶气哼哼地问："你们怎么搞的，太不负责了……"燕妮老师笑着对奶奶说："奶奶，您别生气，有什么事我们到办公室里说好不好？"说着，将奶奶拉到了办公室里。

燕妮老师用自己的行动告诉孩子们，遇到突发情况该如何冷静应对，如何缩小事态的影响范围。

3. 要为孩子创设各种社交条件

日常生活中的许多场景都可以用来提升孩子的社会交往能力，父母要为孩子创造各种适合孩子社会交往的机会。

【案例】思思家里来了客人，爸爸说："思思，王叔叔和何阿姨来了。"然后，爸爸让思思和他一起为叔叔阿姨端茶倒水、洗水果，并和他一起参与交谈。

经常让孩子参与接待客人的活动，他自然就学会了待人接物之道。对于大一点的孩子，家长要为其创造机会，带他参加各种聚会，让孩子学习与大人和其他孩子打交道的礼仪。

孩子见的人逐渐多了，自信心也就逐渐强了，在别人面前也就表现得落落大方了。

教师也可以经常模拟各种场景，让孩子们扮演各种角色，学会怎么和他人交往。比如，美丽老师设计了这样一些场景，让孩子们扮演角色：

（1）在电影院里，童童一家人遇见了老师一家人；

（2）美美与妈妈在饭店吃饭，突然遇见了好朋友丽丽和她的爷爷奶奶；

（3）在医院里，冬冬去看望住院的外婆，还遇见了小姨。

就这样，孩子们在情境模拟中懂得了怎么做才能有礼有节。

空间智能

空间智能强的人对色彩、线条、形状、形式、空间及它们之间关系的敏感性很高，能准确地感知视觉空间，并把所感知到的表现出来。家长与教师应该如何根据孩子的年龄特点开发其空间智能呢？

1. 在游戏中发展孩子的空间智能

3～4岁的孩子，能通过自身的运动来确定物体的空间位置关系。这一时期，孩子空间智能的发展主要分为理解空间和表述空间。

家长可以通过引导孩子观察具体的物体，帮助孩子建立大小、形状的概念；可以通过搭积木，促进孩子对前后、大小有初步的概念。教师可以通过教室的座位，让孩子们建立前后、左右的概念。

2. 丰富的生活空间

营造轻松、自由的家庭氛围，对发展孩子的空间智能十分重要。4～5的孩子热衷于玩游戏——过家家。家长在替孩子布置一个舒适的环境时，孩子也在发展自己的空间智能。同时家长要多陪孩子玩过家家之类的游戏。

这个时期的孩子对拼图等非常感兴趣，家长可以提供条件和机会让孩子在自由拼图中发展空间智能。为了更好地激发孩子的空间潜能，家长尽可能多地给孩子提供这些东西，例如水彩笔、橡皮泥、拼插玩具、迷宫图、有趣的图书和大幅的图片等。还可以对孩子提出一个要求，画出从幼儿园回家的路线图，画一座森林城市，画一幅"我们家的平面示意图"等。

教师也要指导孩子们进行这些游戏。可以对孩子们进行分组，玩过家家、自由拼图的游戏。教师还可以引导大班的孩子们画一画幼儿园平面示意图、教室示意图，还可以引导孩子们展开想象，设计未来的幼儿园平面图、未来的城市平面图等。孩子们一般都很喜欢这样的活动。

自省智能

自省智能是指自我认识及据此作出适当行为的能力。自省智能强的人对自我非常了解，能把握自己的内在情绪、意向、动机、脾气和欲求，会有较强的自律、自控能力，并且具有自尊心和自信心。他们会从各种回馈的信息中了解自己的优势和劣态，常常会静静地思考，并且爱独处。拥有自省智能对孩子的发展至关重要。自省智能需要经过后天的培养才能获得。幼儿期是培养自省智能的关键期。家长在开发孩子的自省智能时，可以从孩子的日常生活习惯的一点一滴做起。

1. 让孩子学会表达自己的心情

家长和教师要多与孩子谈心，鼓励孩子多表达自己的想法，多和孩子讨论、分享个人的想法、感受及梦想。

【案例】妈妈接鹏鹏的时候，发现鹏鹏嘟着嘴，于是一路和他聊天：

"鹏鹏，你怎么了？是不是不高兴呢？"

"嗯，岚岚说我长得太胖，不跟我玩。"

"儿子，你觉得自己胖吗？"

"不胖啊，我比班上好多小朋友都瘦。"

"对呀，你并不是岚岚说的那样，那你怎么会不开心呢？"

"可是岚岚不跟我玩。"

"今天她不跟你玩，肯定是她有其他的朋友，或者她心情不好。明天就好了啊，别放在心上了，儿子。"

于是，鹏鹏开心地笑了。

案例中的妈妈做得非常好，先引导儿子表达内心的不快，再宽慰儿子，解除了儿子的不开心。父母和孩子之间要经常这样交流，引导孩子表达内心的感受，让孩子学会倾诉。

【案例】安老师发现恒恒一副气冲冲的样子，于是将恒恒叫到身边，耐心询问："恒恒，你是不是不高兴了？"恒恒噘着小嘴，没有说话。"恒恒，你要不开心就说出来，这样老师才能帮你啊。不然，老师不知道怎么办啊。"说完，安老师微笑地看着恒恒。

过了一会儿，恒恒终于说出来了："我想玩宁儿的玩具，她不但不给我，还打我的手。""哦，那你是怎么跟宁儿说的啊？""我就说，给我玩一会儿，给我玩一会儿。""你这样说，是不是不够礼貌啊？"恒恒这才恍然大悟："是的，不太礼貌。""那你现在还愿意再试试吗？和宁儿商量一下，将玩具借给你玩一会儿。""嗯。""那你将我当成宁儿，先说给我听听。""宁儿，能将你的玩具借给我玩一会儿吗？太感谢你了。""咱们的恒恒真棒，好懂礼貌，去吧。"后来恒恒如愿以偿，借到了玩具。

安老师发现恒恒不开心后，引导恒恒慢慢将不快乐的原因讲出来了，随后又帮恒恒找到了解决问题的方法。安老师帮助恒恒的不仅是具体的一件事，更让他懂得了和小朋友交往的技巧。在此过程中，安老师没有要求恒恒应该怎么做，而是对他加以引导，给了他自主思考的余地。

2. 让孩子自己选择衣服

年龄越小的孩子，由于言语的限制，培养的重点越应该放在孩子对自己生活自理能力的培养上。比如，在给孩子买衣服的时候，要鼓励孩子自己选择衣服。上衣或裤子，让孩子先试穿，然后看看效果，最后做出决定。在这个过程中，家长不要代劳，要让孩子自己做出选择。家长要尊重孩子的选择，要和孩子有商有量。

第二节　潜能开发要循序渐进

在开发孩子的潜能时，应遵循儿童的成长特点，通过运动、游戏、音乐、舞蹈、绘画等形式，全面开发孩子的社交、认知、音乐、语言、感官等在内的潜能，并且要循序渐进，切不可"揠苗助长"，急于求成。

"神童"不是天生的

有人认为，天才是天生的，这是一种误解。打个比方来说，一颗具有良好品质的种子，如果没有合适的条件（如土壤、阳光、水分等）来培育，就不会生根、发芽、开花、结果。培养人才也是同样的道理。只有给孩子创造一个良好的成长环境，孩子才能得到更好的发展。

【案例】闻名中外的钢琴曲《钢琴协奏曲》，是被称为"钢琴诗人"的肖邦19岁时创作的。为什么肖邦在那么年轻的时候就能谱写并弹奏出这样经典的曲子呢？据了解，肖邦的父母都是音乐爱好者，肖邦从小就受到父母的影响，对音乐特别感兴趣。其实刚开始，父母并不想让肖邦去学音乐，但是肖邦听不到音乐就哭，刚4岁就吵闹着要学钢琴。父母意识到这孩子有音乐天赋，就在肖邦4岁时正式让他从师学习钢琴。

这个案例更加印证了，"神童"并非天生的，而是后天的发现与培养的。

潜能是需要开发的

开发孩子的潜能对孩子的成长到底有没有用呢？答案是肯定的。在对孩子的潜能进行开发时，最关键的一个词语就是引导，不是教也不是学。

《伤仲永》是北宋文学家王安石创作的一篇散文。讲的是一个叫方仲永的孩子，5岁就能指物作诗，才华出众，后来却停止了学习，最后沦落成一个普通人的故事。

孔子曾说过："学而不思则罔，思而不学则殆。"一个人成才与否，虽然某种程度与天资有关，但后天的学习和教育更为重要。那么，怎样开发孩子的潜能呢？

1. 引导孩子体会探究的乐趣

【案例】冬天到了，外面太冷了，爱迪生的妈妈在家里生着了火炉，叫爱迪生一起来取暖，妈妈问爱迪生："你仔细观察火炉里的火，每个地方的火焰的颜色、形状是一样的吗？烟呢？它们是怎样变化的？"从而引出物理和化学现象。随后，妈妈还和爱迪生一起读了《派克科学读本》，一起照书做实验。后来，爱迪生的创造力和探究欲望越来越强，除了做书上的实验外，还自己找材料进行实验。最后，他终于成为伟大的发明家。

虽然，并不是所有的孩子都会像爱迪生一样，成为伟大的发明家，但家长可以通过故事、实验等多种体验活动，让孩子体会探究的乐趣。比如有的家长发现孩子喜欢画画和音乐，就买绘画材料和歌集、光盘，帮助孩子进一步探究艺术，探究生活。

2. 在兴趣的基础上"推波助澜"

【案例】达尔文从小喜欢收集动物和植物标本，经常一个人在房间里做化学实验，还会把家里搞得一团糟。达尔文的父亲对于达尔文的这种做法不但不反对，而且很支持，他专门腾出一间小棚子给达尔文当作实验室。

家长一旦发现孩子的兴趣所在，就给孩子提供必备的物质条件，为孩子创设良好的机会，在孩子兴趣的基础上"推波助澜"，一定会收获意外的惊喜。

3. 积极应对孩子的各种提问

思考和探索是孩子的天性。当一个孩子问问题时，父母首先应该采取鼓励的态度回答，尽量简洁、准确，让孩子容易理解。

【案例】冬天，外面下了厚厚的雪，地上、山上、房顶上全白了。文文高兴极了，和小伙伴一起去外面玩，回来时带回一块冰。文文把冰块放在桌子上，过了一会儿，冰没有了，化成了水。文文很奇怪，问爸爸："为什么冰放在家里就会消失？"为了解答这个问题，爸爸给文文做了一个小实验：从冰盒中取出一块冰，放在锅里，在电磁炉上加温，并让文文仔细观察。一会儿，冰化成了水。爸爸告诉文文，冰块遇到热的环境就会融化。接着爸爸让文文继续观察。随着水温继续升高，一会儿水开了，爸爸让文文看水蒸气。再过一会儿，水蒸发干了。爸爸告诉文文，水遇到热，变成水蒸气升到空中飞跑了。文文在爸爸有趣的实验中，通过自己观察得到了答案，高兴得又蹦又跳。

案例中的文文在欢快兴奋的同时，也拥有了自信心和成就感，其潜能也就会相应地得到开发。

潜能开发不可"揠苗助长"

社会上最近流传着这样一种观点：孩子的智力和兴趣一定要尽早开发，否则孩子的大脑发育到了一定的年龄就定型了，以后再开发就晚了，因此一定要让孩子"赢在起跑线上"。所以，很多家长都给孩子报很多"兴趣班"，来开发孩子的智力。殊不知这样的潜能开发只是在"揠苗助长"，给孩子"塞"太多东西，孩子会无法接受。

教育专家认为，孩子潜能的开发并没有想象的那么神秘莫测，孩子潜能的开发不能"揠苗助长"。孩子适当地学一些东西，是没有问题的，但不能给他们"塞得太饱"。知识、技能只是营养，如果塞得太多，就会造成营养过剩。

总之，关于孩子潜能的开发，只是为了帮助孩子寻找一个抒发感情的渠道，并不是为了培养天才，天才并不是一蹴而就的。因此，对于孩子潜能的开发，家长要有正确的认识，并采取正确的方法。

第八章

入园后如何
科学引导孩子学习

　　随着科学技术日新月异，现代社会要求人们要有终身学习的意识，学习成了生活的一部分。那么，培养孩子的学习意识和学习能力就显得尤为重要。幼儿时期的学习，并非写字、认字、算数、读英语，而是通过一些游戏及活动，让孩子初尝学习的乐趣。

第一节　学习兴趣是学习动机的源泉

爱因斯坦说："兴趣是最好的老师，真正有价值的东西，并非仅仅从责任感产生，而是从人对客观事物的爱与热忱产生。"对幼儿教师来说，教给孩子们多少知识并不是最重要的事情，培养孩子们浓厚的学习兴趣才是最重要的工作。

幼儿教师应把培养孩子们的兴趣作为主要目的，更新教学观念，改进教学方法，不断创造活动环境、创新活动形式，让孩子们在情感体验和亲身实践中感受活动给他们带来的无穷乐趣，激发孩子们对教育活动的兴趣，从不同角度更好地促进孩子们身心和谐发展。

孩子的兴趣大多持续时间短，而且容易转移，缺乏稳定性。针对孩子的这一特点，该如何激发孩子的学习兴趣呢？下面将分别从教师和家长两个方面来说明。

做个有心的教师

幼儿教师不只负责孩子们的吃喝拉撒，更要做孩子们学习的启蒙者，点燃孩子们学习的火花，让孩子们终身受益。所以，做有心的教师最重要。

1. 教学方法灵活多样，激发孩子学习兴趣

孩子们的学习不能只在课堂上进行，需要渗透在生活的点点滴滴中。

【案例】分发零食后，青青老师对孩子们说："孩子们，撕开包装袋，我们数一数今天发了多少块饼干。"孩子们兴趣盎然，开始数1、2、3、4……不会数的孩子们跟着会数的孩子们数数。

青青老师说："孩子们真棒，来我们一起数一数。"说着，也撕开一个包装袋，以身示范地数了起来。

就这样，青青老师经常带着孩子们数数：吃饭前，先数一数摆好了多少把椅子；发玩具的时候，数一数不同颜色的玩具各有多少；去室外活动前，先数一数有多少个小朋友；拍皮球的时候，相互数数……

经过老师的不同方式引导，孩子们很快就建立了数的概念，班上很多孩子都会简单的加减法，教学效果好极了。

上面的案例讲述的是教师用活动教学的方法。教师不是单纯地教孩子们数数，而是通过实物来数数，不但可以激发孩子们的兴趣，而且还可以加强他们对数的感知。

幼儿教师还可以根据教学内容，使用各种颜色鲜艳、形象鲜明的教具，创设各种有趣的情境，吸引并激发孩子们的学习兴趣。

在语言教学中，教师可以利用情景剧教学，让孩子们扮演其中的角色，给予孩子们说的机会、做的机会、思考的机会、玩的机会，快乐地在情景剧中玩起来、学起来。

2. 表扬鼓励发自内心，保护孩子的学习兴趣

【案例】秋天来了，好好跑过来告诉叶子老师："老师，昨天我看见树叶变黄了，它们为什么会变黄呢？"叶子老师很有耐心，她停下手里的工作，蹲下来，抚摸着好好的头说："好好，你的眼睛最亮了，能发现叶子变黄了，太了不起了。你知道叶子为什么会变黄吗？回家让爸爸妈妈查查资料，把这个问题彻底搞清楚。过几天，你还会有新的发现，你每天都睁大眼睛观察一下，看看每天都有哪些发现，把你每天的发现都告诉老师，好不好？"好好心满意足地离开了，回家后就缠着爸爸妈妈问叶子为什么会变黄；每天上幼儿园的路上，都睁大亮晶晶的眼睛观察身边的世界，每天都有新发现。

好的幼儿教师会激发孩子们学习的兴趣，点燃孩子们心中求知的火种，引导孩子们学习。因此，教师应该注意自己的言行，否则不仅会打击孩子的自信心，还会吹灭他们心中微弱的求知火苗。

幼儿教师要善于用表扬鼓励的语言夸奖孩子们，最大限度地保护孩子们的学习兴趣。而且教师不能总是用"你真棒""你太了不起了"这样的句子来夸奖，杜绝程式化，语言要真诚，富有情感，丰富多变。孩子们很敏感，教师的夸奖是不是真诚，他们能感受的到。

3. 创造自由广阔的学习空间，引导孩子的学习兴趣

学习空间不只是在教室里、在教师身边，教师对此要有清醒的认识。教师要善于给孩子们创造自由广阔的学习空间，引导孩子们的学习兴趣。

【案例】大班的老师带着孩子们在幼儿园的沙坑里玩耍，中班的孩子们目不转睛地看着。中班老师发现了孩子们的兴趣，于是也带着孩子们在沙坑

里玩了起来。在玩耍的时候，老师引导孩子们建筑城堡，挖地下宫殿，玩得不亦乐乎。回到教室后，孩子们意犹未尽，老师又引导他们根据自己的理解用画笔将玩耍的过程画出来。随后，老师让孩子们分别介绍自己画的画，根据自己的画编一个故事。孩子们兴趣浓厚，玩得特别开心。

这位教师很有经验，她细心地发现了孩子们的兴趣点，然后又引导孩子们进行了一系列的活动，这些活动是连贯的、成系列的。这就是教师引导孩子们在活动中学习的最佳范本。

教师在和孩子们相处的过程中，要善于发现孩子们的兴趣，创造自由广阔的学习空间，让孩子们自由自在地畅游在这个空间里，孩子们就能不断创造奇迹。

做用心的家长

激发并保护孩子们的学习兴趣不只是教师的事，更是家长的事。家长在教育孩子方面更要用心。

1. 认真观察孩子，了解孩子的兴趣

每个人都是不同的个体，兴趣爱好都是不一样的。家长要认真观察孩子，细心和孩子交流，善于发现孩子的兴趣。

有的孩子喜欢将纸巾撕成碎片，有的喜欢捡地上的落叶，有的喜欢用彩笔在手上、身上涂抹得一片凌乱……遇到这样的情况，家长们总是很生气，责怪孩子将房间、衣服、身上弄脏了。其实，这恰是发现孩子兴趣的良好机会。家长遇到此种情况，需要和孩子细心交流：你为什么要这样做，你喜欢什么，你觉得什么最有意思……通过和孩子的交流，家长就会发现孩子的特点，孩子这样做的动机。然后，家长再有意识地引导，就会对孩子产生深远的影响。

很多家长认为自己的孩子没有什么兴趣爱好。那是因为很多孩子都被关在"笼子"里了，建议家长要多带孩子参与户外活动，多到大自然中去走走，大自然是最好的读本。孩子在大自然中，会有很多让家长们惊喜的举动。

2. 情绪饱满积极，激发孩子的学习兴趣

孩子因为年幼，情绪不太稳定，而且极易受到环境的影响。家长的情绪会直接影响孩子的学习兴趣。

在陪伴孩子的过程中，家长要以积极的态度、饱满的热情投入其中。比如，陪孩子亲子阅读，读书的时候语调要富有变化，要全身心投入到故事人物和情节中，为故事或欢喜或忧伤，声情并茂地演绎故事。孩子能清晰地感受到家长的情绪和态度。只有家长认真和投入，才能激发孩子的学习兴趣。

无论进行什么活动，家长要记得自己是孩子的榜样，自己是孩子的第一任教师，自己的一举一动孩子都看在眼里。因此，家长要提醒自己，时时刻刻情绪饱满，态度积极，潜移默化地影响孩子，激发孩子的学习兴趣。

第二节　玩中学习更轻松

玩是孩子的天性，几乎所有的孩子都会玩得兴高采烈，而且在孩子们的语言中，"玩"这个字占的比重比较大。"爸爸你陪我玩电脑。""我要玩积木。""我要去超市里玩。""我不想吃饭，我要玩。"看来，玩几乎占据了孩子生活的全部。

玩也是一门艺术，教师和家长要引导孩子在玩中认识世界，发展思维，逐渐成长。教师和家长在玩中引导孩子学习，能让孩子的学习有事半功倍的效果。但让孩子玩好，玩得有意义，不是容易的事，需要教师和家长掌握一些技巧。

趣玩玩具是基础

很多孩子在看到某种玩具之后兴趣极大，但是玩具一到手中就支离破碎，惨不忍睹。有的孩子将芭比娃娃全部肢解，在芭比娃娃身上涂上各种色彩，"恶搞"程度超过大人的想象。孩子对玩具有着与生俱来的"破坏天性"（破坏是一种探索的方式）。因此，在引导孩子玩玩具的时候要注意方式方法。

首先，在孩子选择玩具的时候，要充分尊重孩子的意愿，他想买什么、想玩什么，给予他选择的权利。

其次，新玩具到手之后，家长要和孩子一起探讨玩具的玩法，不能只负责买，不负责玩具的"玩耍"方法。不然，孩子将玩具拿到手之后，只会反复"折腾"玩具，这样的玩法没有意义。

再次，跟孩子讲清玩具的使用规则，告诉孩子如何保护玩具，而不是破坏玩具。当然也要尊重孩子的好奇心，若他想弄明白玩具的奇妙之处在哪里，还是要给予支持，该拆还得拆开，想看清楚就要看清楚，不过拆开之后要尽量复原。

第四，引导孩子尝试玩具的多种玩法，在探索的过程中培养孩子的创造能力。

第五，要及时对玩具进行更新。不管在幼儿园还是在家里，都要经常对玩具进行整理，及时给孩子更换玩具。

幼儿教室里有各种各样的玩具，教师在指导孩子们玩玩具的时候，可以变着花样玩，玩出新意，玩出创意，甚至还可以组织孩子们修补玩具。对于有创新意识、动手能力强的孩子，多鼓励多表扬，激发孩子们强烈的创新欲望。教师可以从以下几个方面去引导：

1. 丰富孩子的科学知识

每一种玩具都蕴含着形状、结构、颜色、材料等各种知识。活动时，教师可以根据孩子们的年龄特点，引导他们利用玩具认识颜色、形状，比比大小长短。等孩子们进入中班或者大班后，还可以利用玩具引导孩子们认识不同玩具的特征和功用，了解玩具的不同结构和原理。这样，在玩玩具的过程中孩子们就懂得了一些科学常识。

2. 发展孩子的想象力和创造力

孩子们的很多心智和创造力都是玩耍出来的。教师可以引导孩子们自制玩具，不但能满足他们的心理需求和美好遐想，还有益身心健康。比如，用一次性纸杯做拨浪鼓，用树叶制作贴画，用沙子堆城堡等。孩子们在制作玩具之后，教师要极力表扬孩子们，对他们予以肯定。

3. 让孩子在玩玩具的过程中学会合作

在玩玩具的时候，教师要指导孩子们学会合作。如，可以指导孩子们合作玩跳棋、玩过家家、玩皮球、踢毽子等。特别是合作搭积木，孩子们最喜欢了。教师可以让孩子们分组搭建积木，搭建结束后，小组合作说说搭的是什么，有什么作用。这样会增强孩子们的合作意识，激发孩子们的创新能力，增强孩子们的语言表达能力。

数字游戏多样化

学习数学时，让孩子端端正正地坐在书桌前，不管听教师讲还是听父母讲，对孩子而言是比较痛苦的。家长和教师可以用游戏来引导孩子学习数学，在玩中学，在学中玩。

1. 生活即数学

数学就充斥在生活的方方面面，家长一定要注意把握时机，及时引导孩子学习。

去幼儿园的路上，可以边走路边数步数，从一数到十，数完后再来一轮，一轮接一轮。为了让数数更有趣，家长还可以尝试引导孩子倒着数数，从十数到一。不过这样的数数也是比较枯燥的，家长要多表扬、多鼓励，这样孩子对数学的学习兴趣会更浓厚。

去超市买东西的时候，也可以数数，家长可以边挑选物品边带着孩子数一数。吃饭的时候，让孩子拿碗摆筷子，要摆多少个碗多少双筷子合适；家里有几把椅子，每把椅子有几条腿，一共多少条腿；孩子有几条花裙子，几双鞋子……生活中处处皆学问，关键是家长如何利用好身边的生活资源，引导孩子学习。坚持让孩子多说、多练、多数，时间长了之后，孩子就会对数字有了概念。

2. 玩具中的数学

玩具中也渗透着数学，家长和教师要善于利用玩具中所蕴含的"玄机"。比如，跳棋就是最好的数学教具。蓝色棋子有几颗？红色棋子有几颗？给我一颗白色棋子，黑色棋子比白色棋子多几颗？给我一颗黄色的棋子，一颗黑色的棋子，两颗绿色的棋子，我一共有几颗棋子？家长和教师不但可以这样引导孩子玩耍，还可以让孩子自由组合，再一起玩。跳棋游戏既可以发展孩子的思维能力，又可以培养孩子的动手操作能力。

芭比娃娃的套盒暗藏着数学。芭比娃娃一共几套衣服？你给芭比娃娃穿上了一套，盒子里还有几套？我送给芭比娃娃一套新衣服，她现在共有多少套衣服？

可见，数学不只是在课本上，还体现在孩子们的玩具中。不管是教师还是家长，都要善于利用触手可及的玩具、材料，引导孩子们学习。

3. 分一分的游戏

在幼儿园里，教师会经常分发各种吃的、喝的、用的物品。教师在分发的时候，要利用这个机会，让孩子们参与其中，感受数学的奥秘。

【案例】米米的生日当天，妈妈送来一个大蛋糕，老师负责分蛋糕。老师在分之前问："我要将蛋糕分成大小一样的两块，我需要在哪里切一刀？"孩子们喜滋滋地看着老师。老师从中间划开，然后问："现在蛋糕有几块了？"就这样，老师边分边问各种各样的数学问题。更有趣的是，老师让孩子们领蛋糕的时候，还要对米米说一句祝福的话。

4. 数字卡片游戏

在孩子对数字有了初步的概念之后，还要教孩子将数字字形与数字对应起来，这时就可以用到数字卡片。

看着卡片摆彩笔，比如卡片上是1，就摆一支彩笔；猜猜卡片上的数字是几，教师在背后藏着卡片，让孩子们猜卡片上到底是数字几；找卡片，教师说几，孩子就找出上面写着几的那张卡片；拼卡片，需要用两张卡片凑成3，让孩子们从几张卡片中挑出两张……

为了巩固幼儿园所学知识，教师可以要求孩子们手里也要有一套数字卡片，最初可以让家长帮助孩子准备，若这套破旧了，就让孩子自己准备，家长只是在旁边辅导。

5. 游戏中的数学

不管是做手工还是画画，都可以运用到数字。

比如教师让孩子画三条鱼，"哎呀，这些鱼太多了，擦去一条吧，还剩几条？"再比如做手工，让孩子每人折一朵红花，"你们小组折了多少朵红花？你们的表现真好。老师奖励你们一朵，你们组现在有几朵？"

在孩子教育中，家长和教师要学会将学和玩联系起来，将学和生活联系起来。另外，所有的学习都不是独立的，比如在语言表达的训练中可以教孩子数数，在数数中也可以渗透语言表达训练……

不管是家长还是教师，都要注意激发孩子学习的兴趣，多动脑，多用心，去发现游戏中和生活中蕴含的教育机会，多用游戏来引导孩子学习，让孩子在玩中学，学中玩，兴致勃勃地学习，乐此不疲地学习。这样，孩子既能学到知识，又不会厌学。

第三节　不要抹杀孩子的好奇心和求知欲

好奇心，就是孩子对身边的事物产生浓厚的兴趣。比如，春暖花开之季，孩子会对盛开的花朵、嫩绿的叶子、飞翔的小鸟、潺潺的流水产生兴趣，蹲下身来看啊，捏啊，摸啊，闻啊，甚至还会提出各种各样的问题，这就是好奇心的表现。

求知欲，就是探求知识的强烈愿望，具体表现为对有浓厚兴趣的事物展开调查研究，应用各种各样的方法去探个究竟，弄个明白。

好奇心是求知欲产生的源头，只有产生了好奇心，才会有强烈的求知欲。所以，保护孩子求知欲的关键是激发孩子的好奇心。

理解孩子的好奇心

【案例】正在上小学的多多讲述了她幼儿时期的一件趣事。那时她听大人们常常将鸡拉的稀屎称为"鸡糖屎"。因此在她的概念里，鸡屎和糖一样甜，是可以吃的。有一天，家里的大人都出去了，留她一人在家，正好有一只鸡过来拉了稀屎，她连忙用手指蘸了一点，正打算往嘴里送，这时闻到一股很臭的味儿，她突然意识到这大概不能吃，于是去洗净了手。

家长们若见到自家的孩子用手去抓鸡屎，一定会气坏的，心想这个丫头怎么这么傻，或者这个丫头怎么这么调皮……其实，不是孩子贪玩调皮，而是大人们不了解孩子，她只是误解了"鸡糖屎"，由于好奇心强烈，才想去尝尝的。

家长一定要理解孩子的一些不可思议的行为，因为那些行为大多源于孩子的好奇心。面对孩子的"怪异"举动，家长不要不分青红皂白地对孩子进行指责，而要心平气和地与孩子聊天，问他为什么这么做，然后陪孩子一起去探究，解开他心中的疑惑。若家长一味地批评，从此孩子就不敢有好奇心了，那还谈什么求知欲呢？

幼儿教师也要懂得孩子，不要因孩子做了大人不理解的事就生气、抱怨或者指责，这会让孩子感到伤心、难过，甚至会产生深深的自责情绪。真正懂得孩子，教师就要学会换位思考，把自己也当成孩子，从孩子的角度去看待发生在孩子身上的事情，耐心询问孩子。

尊重孩子的每个问题

牛顿坐在苹果树下，见苹果从树上落了下来，他连续问了一系列问题：苹果为什么不往天上飞，苹果为什么不往左或往右飞，却偏偏要落到地上呢？在探索这些问题的答案过程中，他发现了万有引力这一伟大定律。由此可见，科学的发现与发明源于人们头脑中闪现的问题或想象，而成为定论或变为现实需要不断地探索与钻研。因此，家长和教师要善待孩子提出的问题，引导孩子带着问题去探索。

孩子会提出很多稀奇古怪的问题，上班很累的爸爸妈妈或者教师一般对孩子的提问会不耐烦，恨不得让他们立刻闭上嘴巴。这样做的结果就是，孩子认为提问是很招人厌烦的事。从此，他便不再提问，见了不懂的事物之后也不会思考了，不会问为什么了。这就是为什么孩子在小的时候问题多，而长大后问题少的主要原因。毫不夸张地说，孩子探索世界的能力是被大人给扼杀了，当然一起被扼杀的还有好奇心、思考力、探索的欲望。

因此，家长要尊重孩子提出的每个问题，能解答的要详细解答，直到让孩子解开心中的疑问为止；若大人实在无法解答，就要寻求帮助，向相关的专家请教，向书本请教，向网络请教，还可以带着孩子一起探索，直到找到答案为止。

【案例】田田的妈妈很重视孩子提出的每一个问题。有一次，田田问："妈妈，绿豆怎么会发芽呢？"当天晚上，妈妈就带着田田去超市买了绿豆，然后泡在一个水杯里，和田田一起观察绿豆发芽的经过。田田长大后，对自然科学很感兴趣，如愿以偿考上了重点大学的物理学系。

田田的妈妈是一位很有耐心的妈妈，她既保护了孩子求知的欲望，又顺势使其发展成熊熊大火，点燃了孩子热情学习的愿望。对爱学习的孩子来说，学习就是一件快乐幸福的事情。因此，家长和教师不要对孩子的一个又一个问题感到厌烦，要鼓励孩子提问，尊重孩子的每个问题，对孩子的好奇心和求知欲进行最大的保护。

作为幼儿教师，更要小心翼翼地呵护孩子的好奇心，重视孩子提出的每个问题，别让孩子认为你讨厌他的提问。只有不断提问，孩子才会源源不断地产生强烈的好奇心和求知欲。

鼓励孩子去探索

【案例】深秋，玲玲和爸爸妈妈一起去森林里玩，他们捡了很多落叶。然后，爸爸妈妈让玲玲将落叶分类。玲玲默默地分完后，兴高采烈地指给爸爸妈妈看。爸爸妈妈一看懵了，这是什么分类啊？简直是胡闹。爸爸妈妈是想让玲玲按照树叶的不同种类进行分类。妈妈很生气，正准备发火，爸爸及时制止了妈妈，和颜悦色地问玲玲："玲玲，你为什么这么分类啊？"玲玲理直气壮地回答："爸爸，你看这些树叶，有的是健康的，有的上面有虫眼，有的是落下来之后有裂口的……"爸爸妈妈拿过树叶一看，的确如此。于是，整个下午，他们一家人都在一起研究树叶还可以怎么分类。

孩子的认知规律和大人是完全不一样的，大人不能只凭自己的经验来教育引导孩子，要走进孩子丰富的内心世界，真正了解孩子，只有这样才能鼓励并支持孩子去探索陌生而奇妙的世界。因此，家长千万不要将孩子探索的过程当成胡闹。

对于孩子一些不合乎常规的行为，家长不要随便发火，更不要打击孩子，弄清孩子的真实想法之后，和孩子一起探索。借此机会，家长要鼓励孩子多观察，学着探究。

【案例】聪聪感冒了，奶奶交代聪聪："要喝热水，不能喝冷水。"奶奶还交代妈妈："平时不要给聪聪冷水喝，对身体不好。"结果，等聪聪感冒一痊愈，她就端起一杯热水，往妈妈种植的吊兰上浇，浇水后还告诉妈妈："妈妈，吊兰喝热水了，以后不会生病了。"妈妈惊呆了，但她没对孩子发火，说："那好，我们看吊兰以后长得好不好。"当天晚上吊兰就枯萎了。聪聪伤心地问："妈妈，吊兰怎么枯萎了？"于是，妈妈带着聪聪一起研究植物生长需要哪些条件，聪聪终于明白自己这样做是对植物有伤害的。

案例中的妈妈没有因孩子给吊兰浇开水就生气，而是引导孩子观察吊兰的生长情况，弄明白植物生长的要素，给予了孩子最好的教育。

家长要多参与孩子的活动。教育专家常说，要蹲下来和孩子谈话。其实，它要求成人不仅要把身子蹲下，更要把心蹲下，要将自己当成一个孩子，和孩子一起游戏，一起玩耍，这样才能真正走进孩子的生活，走进孩子的内心世界，才能更好地鼓励、引导孩子多探索。

为孩子提供动手、动脑的机会

【案例】妈妈摘豆角的时候，妞妞跑过来帮忙，但是妞妞毕竟从来没做过这件事，所以她将豆角掐断的时候很费力，而且一不小心，就将摘好的豆角丢进了垃圾桶里，将豆角筋放进了菜篮里。妈妈看见后说："妞妞，你看妈妈是怎么摘豆角的，然后学着妈妈的样子做。"妞妞仔细盯着妈妈看了会儿，又笨手笨脚地开始了。尽管依然干得不太好，但是结束的时候，妈妈表扬妞妞："妞妞，你好棒啊，下次还帮妈妈摘菜好不好？"于是，妞妞每天都会帮妈妈摘菜。现在，妞妞已经什么菜都会处理了，而且做得极好。妈妈说："我就是要给她创造劳动的机会，这培养的不仅是动手能力，而且能培养她的动脑能力。"

劳动不仅可以让人变勤劳，还可以让人变聪明。苏联大教育家苏霍姆林斯基强调的一个观点就是，要让孩子经常劳动，这样可以让孩子更爱学习，更会学习。

孩子模仿力强，而且爱动手操作，家长和教师可以多给孩子提供动手的机会，让孩子体验亲身参与带来的自我成就感和乐趣。扫地、拖地、擦桌子，这些家务都可以让孩子干。除了家务，成人还可以通过小实验，让孩子自己去获取知识；还可以让孩子折纸、剪纸、制作小玩具等，让他们体验动手的乐趣。孩子经过自己动脑、动手做出东西，做成一件事情，会感觉特别高兴，非常有成就感。这样有利于激发他们强烈的求知欲。

第四节　您在教育误区里迷失了多久

随着人们的文化素质和生活水平的提高，幼儿教育越来越受到社会和家长的重视。然而，很多家长在幼儿教育认识方面存在不少误区。同时这些认识的误区也会对幼儿教师的教学产生一些不良影响。

希望幼儿教育能"正规化"

这里的"正规化"是指，很多家长希望幼儿教育和小学教育一样，每天必须上几堂课，要学会多少个拼音，认识多少汉字，会数多少个数，会计算多少道题，等等。家长产生这样的误区，源于"望子成龙""望女成凤"心切。不少家长把幼小的孩子送往各种培训班。还有的家长在家里开设"私塾"，自己教孩子在家补习拼音、数学等。这些做法严重违背了孩子身心发育的规律。

个别园所为了迎合家长，过早开设了双语教学，过早对孩子进行读、写、算的正规教育，强调学习知识，学习内容大大超出了孩子心理和生理承受的能力，这样的教学势必会适得其反。

有位小学教师曾谈过这样一个话题：最害怕在幼儿园学习了汉字书写的孩子。由于练习书写时的年龄太小，一部分孩子没有掌握正确的握笔方法，以致后来纠正不过来；还有一部分孩子学习书写的时候因无法理解什么是书写顺序，他们写字如同画图一样，是拼凑的，上小学后，他们依然使用幼儿园时期的书写方法，根本不按笔顺规则来写，纠正起来很费劲。

因此，不管是家长还是幼儿教师，都不能急于求成，过早地对孩子进行正规教育，这样揠苗助长的教育方法会适得其反。同时，过早对孩子进行强迫化的训练，违背了孩子身心发展的规律，可能会损伤孩子的生理健康，造成孩子压抑及厌学的心理。

幼儿教育的过度化

幼儿教育的过度化主要表现在以下几个方面。

1. 生活照顾的过度化

现在的家长对待孩子真的是含在口里怕化了，捧在手里怕摔了。

【案例】俊俊今年5岁了，体重严重超标。每天早上起床之后，他从不自己上卫生间，非要妈妈或者奶奶带他去卫生间，然后帮忙穿好衣服，挤好牙膏……总之，他什么事都不自己做，也不知道会不会做。每天上幼儿园，非要爸爸或者爷爷开车送，从不走路。

据说，每天在家吃晚餐，妈妈喂饭，其他人团团围住，为他服务，他一声喊："我要喝汤。"奶奶连忙用勺把汤舀到他碗里。要喝水，爷爷连忙去倒水，递到他嘴边，他都不会用手去接。一说饭太烫了，妈妈连忙用嘴帮忙吹吹。他一边吃饭一边看电视，妈妈把饭端到电视机前喂饭。更折磨人的是，他要是突发奇想，要吃什么菜，但是饭桌上没有，那奶奶有得忙活了。总之，全家人将他当成"小皇帝"一样伺候着，生怕不够周全。尽管一家人谨小慎微，但是这个孩子的脾气还是特大，稍不满意就大哭大闹。

过度照顾孩子，不但剥夺了孩子自我体验的机会，使孩子自己动手能力欠缺，大脑发育受到影响，还会导致孩子缺乏感恩之心。

2. 对孩子的要求过度满足

有些家长对孩子的溺爱真的是没有原则。

【案例】一天放学后，妮妮对爷爷撒娇："爷爷，你让爸爸给我买个滑梯。"

"好，我让你爸爸给你买，我们放在小区里，你天天玩。"爷爷毫不犹豫就答应了。

妮妮继续说："我们的滑梯只能我玩，其他小朋友不能玩。"

爷爷无限慈爱地抚摸着孙女的小辫子说："那是当然了，只能让妮妮一个人玩。"

再来看看一位年轻的父亲拒绝孩子无理要求的例子吧。

【案例】孩子说："爸爸，今天放学后，我要去吃汉堡。"

爸爸说："儿子，你今天为什么想去吃汉堡啊，妈妈在家里做饭呢！"

儿子回答："昨天，欣欣和她爸爸去吃汉堡了，她说鸡腿特别好吃，还有薯条也好吃。"

"可是，昨天晚上，你跟妈妈说，你要吃红烧排骨的。妈妈正在家里做呢，我们怎么办？"

"哦。"孩子不情愿地应了声。

爸爸说："如果今天我们不回去吃，妈妈会不会不高兴？"

儿子仰起头问："会的，妈妈一定会不高兴的。上次爸爸出去吃饭，没给妈妈打电话，妈妈就有点不高兴。"

爸爸一脸严肃地说："是啊。儿子，我们不能按时回家吃饭时，一定要提前通知做饭的妈妈，不然妈妈就白忙活了，而且还会浪费食物。更重要的一点就是，如果我们不回家吃饭，我们两个就是不守信用的人，对不对？"

儿子想了想，主动说："是啊。爸爸，今天我们就回家吃妈妈做的饭。"

"行啊，儿子，你真懂事。爸爸答应你，等你生日的时候，爸爸和妈妈带你吃汉堡，好不好？"

"好，谢谢爸爸。"儿子满意地牵着爸爸的手，一路上都蹦蹦跳跳的，开心极了。

本来吃汉堡不是什么大事，很多家长都会同意。但是这位爸爸认为前一天已经计划好了在家吃饭，就不能随便更改计划，于是非常巧妙地拒绝了儿子。懂事的儿子也懂得了自己的要求是不合理的。这位父亲用实践告诉我们，什么是坚持原则、不过分满足孩子要求的做法。

好的教育是延迟满足和适当不满足，绝对不是过度满足。不然，孩子就不懂得感恩，不懂得珍惜，不知道努力。不管是家长还是幼儿教师，都要准确把握这个度，教育孩子时切不可过度满足。

第九章

家园合作，其力断金

幼儿的学习与发展是幼儿园和家庭共同关注的话题，作为幼儿教师和家长，该怎样通力合作才能达到家园共育的理想效果呢？这需要家庭教育和幼儿园教育同步进行，需要幼儿教师和家长密切配合、融洽沟通，共同承担起教育孩子的重任。

第一节 家园沟通融洽，事半功倍

孩子进了幼儿园以后，家长不要以为自己就可以甩手不管、万事大吉了，家长对孩子的教育任务仍然相当重要。家长要和幼儿教师共同承担起教育孩子的重任。因此，在此期间，家长要和幼儿教师密切配合、融洽沟通，只有这样家长才能全面了解孩子在各方面的具体表现，及时帮助孩子解决问题，促使孩子得到更全面的发展。

家长如何巧妙地和教师沟通

1. 沟通的方式灵活多样

这个时代通信很便捷。家长和教师不仅仅限于面对面地沟通，还可以用微信、QQ 等通信软件和教师沟通，语音、图片都可以。因为教师上班时间要照顾很多孩子，要做课件、做手工艺品、定期更换区角环境，给孩子清理卫生、倒水等，空闲时间是相对有限的，不可能每天都有大量的空闲时间和每一位家长进行面对面的沟通，所以家长要多体谅教师的实际难处。当家长需要和教师交流时，可以用微信等形式把自己想说的事情说给教师，如孩子在家的表现怎样，孩子在家存在哪些问题，希望教师如何配合家长。

也可以询问教师孩子在幼儿园的表现，以便帮助孩子发扬优点，改正缺点，更好、更快地进步。每一个孩子都希望得到家长和教师的表扬，当他表现好时，要及时肯定，让他知道这样做是对的；当他表现不好时，要及时引导，让他知道这样做是不对的。但幼儿的辨别能力弱，因而需要家长和教师正确引导。

【案例】大林之前在家吃饭的时候，看见有自己喜欢吃的菜就一个劲地往自己碗里夹，根本不顾别人。但自从上了幼儿园以后，大林发生了很大变化，他不再像以前那样只顾自己，而是把自己喜欢吃的菜先夹给爷爷奶奶、爸爸妈妈，再夹给自己。这个巨大的变化让家长感到十分欣慰，觉得孩子长大了，懂事了。大林的妈妈及时把这个好消息发微信告诉了主班老师，并拍了视频给老师，希望老师在班上对大林的进步进行表扬。大林的主班老师收到这个消息也很高兴，第二天果然表扬了大林。大林在班上受到老师的表扬后，表现更好了，他更加明白不要只想着自己，心中要有他人。

这就是家园沟通的成功典范。由于家长和教师沟通及时得当，孩子的良好表现得到家长和教师的共同认可，一起教会了孩子如何孝顺长辈。

孩子在家表现不好时，家长也可以及时跟教师沟通，让教师协助，帮着孩子改正缺点。家长普遍认为，教师说话就是灵，教师说一句，抵得上家长说十句。

【案例】强强在家喜欢睡懒觉，尤其是冬天，早上不能按时起床，不能按时上幼儿园，即使醒了也赖床。为此家长喊破嗓子都不管用，真是伤透了脑筋。想来想去，妈妈决定向老师求助。强强的妈妈给老师发了微信，把强强的这个情况跟老师反映了，希望老师能够帮助强强。老师看到消息以后，欣然答应。第二天，老师找到了强强，对他说："强强，你在幼儿园开心吗？"孩子点点头。老师接着说："哎呀，老师也特别喜欢强强，太棒了，你每天都能快快乐乐地来上幼儿园，和小朋友们、和老师一起玩耍。"强强听了特别高兴。接着老师又说："强强，那你每天是自己起床的，还是妈妈叫你的啊？妈妈是不是要叫很多次，你才能起床啊……"老师问了关于早上起床的一系列问题。最后老师说："强强，明天妈妈一叫你，你就迅速起床。如果做到的话，老师就更喜欢你啦！"就这样，老师和强强达成了协议。晚上回家，强强主动跟妈妈说："妈妈，你明天早上一定要按时叫我。"妈妈一下明白了。第二天早上，强强按时起床了。妈妈从心底高兴，连忙发微信向老师表示感谢。

当家长对孩子的某些问题束手无策时，要及时跟教师沟通，在教师的帮助下，把孩子的不良习惯纠正过来。

2. 把教师当朋友

家长要从内心把教师当朋友，理解教师的难处，尊重教师及其劳动成果，相信教师会真诚地关心每一个孩子，公平公正地对待每一个孩子。家长要支持教师的工作，密切配合幼儿园开展的各项活动。所以，和教师沟通时家长要态度诚恳，语气温和。

3. 沟通要主动

有些家长担心教师工作忙，担心自己主动向教师打听孩子的情况会耽误教师的时间，所以不主动和教师沟通。还有些家长认为把孩子送进了幼儿园，教师就应该对孩子尽职尽责，平时不需要和教师交流，等孩子出现了问题再找教师算账，找领导告状。其实，这些做法都是不对的。教师也希望家长经常和他们沟通，这样可以增进双方的感情，加深对孩子的了解，解决孩子的问题。平时，家长和教师多沟通，彼此熟悉了，成了朋友，一旦孩子出现了问题，解决起来就轻松多了。

4. 沟通要务实

家长需要注意的是，不要有事无事就找教师，因为教师面对的是全班的孩子，如果家长经常找教师说一些家长里短，耽误教师的时间，这样的沟通就没有意义。所以，家长和教师沟通时要有针对性地向教师了解孩子在幼儿园的情况。

例如，平时接送孩子时，碰到教师可以问问孩子最近在幼儿园的表现，哪方面做得好，哪方面需要加强。如果教师说孩子表现不错，那家长就可以放心地和教师告别了，就没有必要再追着教师问个没完没了，留下时间给别的家长和教师交流。

如果家长发现孩子最近从幼儿园回家时，表现异常，自己又没有更多的时间和教师正面交流，就可以打电话或者通过微信和教师沟通，了解孩子最近在幼儿园的表现，搞清楚造成孩子情绪异常的真正原因，然后帮助孩子解决问题。

5. 沟通要坦诚

如果孩子因为家庭原因导致情绪低落，家长应该实事求是地和教师沟通，取得教师的理解，求助教师帮助孩子解开心结。不要因为不好意思而不愿意和教师说，那样不但对孩子的生长发育非常不利，而且教师也无计可施。

例如，有些单亲家庭的孩子，心理问题可能比完整家庭的孩子多一点，所以家长一定要坦诚地和教师交流，争取教师的配合，然后双方共同解决孩子表现出的问题。很多时候，教师说的话比家长说的话对孩子的效果更明显。

6. 以宽容之心沟通

当家长发现教师在工作中出现疏漏时，首先要想到"人非圣贤，孰能无过"。教师也是普通人，家长要理解，并以一颗宽容的心对待。如果沟通不顺畅，家长可以换一种方式和教师沟通，让教师明白自己的问题出现在哪里。如果教师能够很快知错就改，当然更好；如果有些教师知错不改，甚至态度恶劣，那么家长就只有通过幼儿园的领导来解决问题了。

如果家长真心爱孩子，就要和幼儿教师真诚沟通，密切配合，这样对孩子的教育就能取得事半功倍的效果。

教师如何巧妙地和家长沟通

1. 注意说话的语气

幼儿园和家庭共同承担着教育孩子的重任，正因为如此，只有教师和家长共同努力，才能教育好孩子。因此，教师要把家长当朋友，尊重家长，真诚地对待他们，尤其是对孩子的爷爷奶奶，更应该有耐心，态度温和，循循善诱，动之以情，晓之以理，共同解决孩子存在的问题。

2. 沟通要主动

有一些家长不喜欢主动和教师沟通时，教师就要主动和家长进行沟通。沟通的时间、地点、形式可灵活多样：可以在家长接送孩子时沟通；可以开家长会时沟通；可以利用微信等形式沟通；可以是口头沟通，也可以是书面沟通。

3. 多唱赞歌

教师只要仔细观察，就会发现每个孩子都有自己的特点。教师一定要勤于观察。任何一个家长询问孩子在幼儿园的表现时，教师要能够及时准确地讲述，要尽可能多地夸孩子。每个家长都希望自己的孩子能得到教师的表扬。说完孩子的优点后，再婉转地指出孩子存在的问题，取得家长的信任。

【案例】欢欢在幼儿园喜欢打人，上课也坐不住，老师也很头疼，小朋友们也不喜欢他。老师经过仔细观察，发现欢欢比较有礼貌，见到大人能主动打招呼。于是，老师当着所有家长和孩子的面，对欢欢的这个优点大加赞赏，同时对欢欢提出要求："如果明天你和班上的小朋友能成为好朋友，就更好了。"就这样，欢欢的毛病逐渐被老师纠正过来了。

4. 维护自尊心

每个家长都有自尊心，当教师发现某一个孩子在哪方面表现不足时，要及时和家长沟通，注意不要当着别的家长和孩子的面说这个孩子的缺点。如果时间不允许，教师可以用微信的形式和家长进行沟通，了解孩子在家里的表现，了解孩子问题形成的原因，采取更有效的方法帮助孩子解决问题。

只要教师和家长能够有效沟通，家园共育的工作就成了一件轻松愉快的事情。只要教师与家长能够和谐沟通，孩子的问题就能迎刃而解。

第二节　理解并尊重幼儿教师

尊师重教，是中华民族的优良传统，不论到什么年代都很受用。孩子送进幼儿园以后，家长对幼儿教师要发自内心给予理解和尊重，因为家长和幼儿教师共同承担着教育孩子的重任，所以应该成为志同道合的朋友。在言行中，家长应该把对教师的理解和尊重体现出来，言传身教地把这种情感传递给孩子，这样做能够帮助教师在孩子心中树立威信，让孩子能够发自内心地喜欢教师，使家园共育顺利进行。

安慰体贴教师

当教师生病时，家长应该对教师说一些安慰的话，对教师表示关心。当教师不开心的时候，家长也应该真诚地开导、安慰。当教师遇到困难的时候，家长要竭尽所能地帮助他们。

体谅教师的难处

幼儿教师面对的是全班的孩子，每个孩子都有自己的个性，教师要根据不同孩子的性格特点对孩子因材施教，教会所有孩子养成良好的习惯，培养孩子各方面的能力，因此教师工作的难度更大。家长要体谅教师的难处。

总之，家长要真诚地对待教师，把教师当作知心朋友，理解和尊重他们，这样，才能和教师携起手来，共同完成孩子的早期教育这份伟大的事业。

第三节 与不同类型的家长进行沟通的策略

孩子来自不同的家庭，由于家庭环境不同、家长的工作性质不同、年龄不同、身份不同、各自的性格不同，因而孩子的特点也就不同，所以幼儿教师要多动脑筋，讲究策略，灵活处理好各种关系，以达到和家长共同教育好孩子的目的。

针对高学历家长的工作

许多受过高等教育的家长，整体素质通常都很高，也懂得科学育儿，因此与这样的家长交流，教师一定会感到特别轻松。但是，这样的家长对孩子的要求高，对教师的要求也高。所以，教师在跟家长沟通的时候，一定要真诚，虚心向家长请教；同时也要把自己所知道的科学的育儿理念传递给家长，得到家长的支持。另外，教师要不断学习，充实自己，加强自己的修养，努力做好自己的本职工作。

【案例】依依的爸爸是大学老师，妈妈是公务员，他们非常重视依依的教育，对依依在幼儿园的情况不太放心。因此，几乎每天，依依的爸爸或妈妈都会在微信里小窗问慧慧老师依依在幼儿园的情况。甚至有时慧慧老师在群里发张照片，没见到依依，他们都会问："老师，怎么没见我们家依依啊？"为了取得有效沟通，慧慧老师决定约谈依依的家长。

慧慧老师首先开诚布公地说："非常感谢依依爸爸妈妈对我们幼儿园的信任和支持，将孩子送进我们幼儿园。"慧慧老师顿了顿又说，"今天，我想知道，你们对我们幼儿园有哪些好的建议和要求。一方面我作为依依的老师，我会努力去做到；另一方面，我也可以向园长反映，因为我和你们家长的愿望是一致的，都是想让孩子们更快乐更健康地在我们幼儿园生活。"

依依的爸爸妈妈很高兴，敞开心扉说了很多想法。慧慧老师提议说："你们都是高学历的家长，教育孩子很讲究方法，是其他家长的榜样。我希望你们能在家长中带个头，用你们正确的教育方法去影响其他的家长。"

依依的爸爸妈妈点点头表示同意。慧慧老师接着说："以后，你们如果有什么问题想问我的话，就直接给我打电话，因为发微信我有时看不到，而且回家以后我一般就不看微信了。"听了这番话，依依的爸爸妈妈明白慧慧老师约谈的目的了。当然，他们也理解了慧慧老师，欣然接受了她的建议。

针对低学历家长的工作

有许多家长学历并不是很高，不懂得什么科学育儿的方法。在和这类家长沟通的过程中，首先要将对方当成朋友，让对方感受到教师对他的孩子的关注和爱，这样才能得到这些家长的认可。其次，在交往的过程中，要多听取家长的意见，多做解释说明工作，争取家长的理解与支持。相信，只要教师真心、真诚付出，就一定能得到家长的支持。

【案例】灏灏的爸爸和妈妈都是进城的农民工，不太重视对孩子的教育，而且缺少一些正确的教育方法。灏灏很任性，经常抢小朋友的玩具。方老师跟灏灏的妈妈说了此事，她不以为然地说："这有什么啊，不就一个玩具吗，玩完后再还给她呗……"

方老师决定跟灏灏的妈妈好好聊一聊。方老师首先表扬了灏灏："灏灏妈妈，您知道吗，我们几个老师都特别喜欢灏灏，因为灏灏很健康很可爱。"

接着，方老师又表扬灏灏的妈妈："我知道您和灏灏的爸爸都很不容易，把孩子送到我们幼儿园来，就是希望灏灏能接受好的教育，将来有出息。"

这时，灏灏的妈妈眼里已经泛起了泪光："老师，以后灏灏还需要您多多费心啊。"

"那是，我们肯定要特别关注灏灏。"老师说得很中肯，"灏灏妈妈，我也不把您当外人，有些话就直接说了，好不好？因为我们都是为了灏灏好。"

"那是，老师，您说什么，我们一定尽力配合。"

于是，方老师提出了要求。

经过这次沟通，灏灏的家长非常配合老师的工作。

针对离异家庭的家长工作

有一些孩子来自离异家庭，他们的家长比较敏感，孩子也比较脆弱敏感，因此，对这些孩子要付出更多爱心。教师在和家长沟通的过程中，一定要注意不能触及敏感性话题，不能探寻家长的隐私，因为这是对他们最大的不尊重。同时，要多体谅这些家长的难处，在家长需要帮助的时候，尽可能地给予他们一些帮助，比如不能按时来接孩子，千万不要指责批评家长。另外，教师对孩子的特别关心和爱护，也可以传递给家长，让家长感受到教师的善意。只要做到了这几点，教师就能取得家长的信任，和家长成为朋友，共同探讨教育孩子的策略。

【案例】莲莲的父母离婚后，她便一直跟着爸爸生活。她的爸爸在一个工地上打工，生活非常艰辛。因此，上幼儿园的时候，莲莲经常披头散发，衣服也不整洁，并且一副闷闷不乐的样子。

欣欣老师看在眼里，急在心里，她决定和莲莲的爸爸聊一聊。

放学后，莲莲的爸爸没有按时接孩子回家，欣欣老师牵着莲莲的小手站在幼儿园大门前。大概过了半小时，莲莲的爸爸急匆匆赶来。

"莲莲爸爸，您辛苦啦！我知道您工作忙，迟点接没有关系的。"隔老远，欣欣老师就热情主动地跟莲莲的爸爸打招呼。

"不好意思，不好意思，老师，让您久等了。"莲莲的爸爸连忙道歉。

"没事没事。我今天能耽误您一点时间，跟您聊聊吗？"欣欣老师问。

"您说吧，老师，我都听您的。"

"莲莲爸爸，我发现孩子每天好像都不是很开心，这是为什么呢？"欣欣老师问。

"大概是想妈妈了。" 莲莲的爸爸嗫嚅着。

"莲莲爸爸，虽然孩子的妈妈没在身边，但是有您照顾她，她也可以很开心啊。您为孩子真的付出了很多，每天要照顾她饮食起居，而且还要挣钱养家，您确实很了不起。"

莲莲的爸爸有些感动了。

"您既然已经为孩子付出了这么多，孩子在您身边，是多么快乐的事情啊。每天下班回家，能为孩子做做好吃的，孩子甜甜地叫您一声爸爸；每天给孩子讲讲故事，陪她玩玩具，逗她开心，孩子咯咯地笑个不停，您是不是觉得更快乐呢？"欣欣老师继续说。

"是啊，是啊，我脾气不好，老冲孩子发脾气。"莲莲的爸爸反思道。

"那成，您照我的话去做，好不好？每天接孩子的时候开心点，给孩子做饭的时候开心点，每天陪孩子开心地玩耍一会儿。您开心了，孩子就开心了；孩子一开心，您就更开心啦！"说完，欣欣老师开心地望着莲莲的爸爸。

后来，在欣欣老师不断的鼓励和帮助下，莲莲的爸爸渐渐走出了离婚的阴影，孩子脸上的笑容也多了起来。

针对祖辈家长的工作

有一些孩子由爷爷奶奶或者外公外婆看护，有的是因为爸爸妈妈在外地工作，有的是因为父母离异，有的是因为父母已经离世……跟这样的家长交流时，教师首先要了解清楚孩子的家庭情况，再根据不同的情况采取合适的方式和方法。这样的家长，能够像父母一样对孩子严格要求的不多，大多都会溺爱孩子，懂得科学育儿的可能也不是很多。因此，和祖辈家长交流的时候，首先教师不要批评，要将心比心，理解老人对孩子的溺爱其实是人之常情。教师要更加耐心地与祖辈家长交流，可以聊聊家常，多赞扬他们对孩子所做的一切。在取得他们的信任之后，再站在孩子的角度，委婉地提醒他们溺爱孩子的坏处。这样就更能获得这些家长的支持，最终让他们对孩子的教育与教师的要求保持一致。

【案例】飞飞的爸爸妈妈在外地工作，飞飞由爷爷奶奶带着。爷爷奶奶特别溺爱飞飞，飞飞被娇惯得脾气特别暴躁，经常打班上的小朋友。

晚上，奶奶来接孩子，瑶瑶老师将她带到办公室，"奶奶，您很会带孙子啊，您看飞飞长得壮壮实实的，比爸爸妈妈带的都好。"

奶奶脸上都笑成了一朵花："哪里哪里。"

"奶奶，我知道，您的愿望不只是要飞飞比别的小朋友长得壮实，更希望飞飞能真正快乐，对不对？因为，飞飞的爸爸妈妈毕竟不在身边。"

"那是，那是。老师，您不知道，我看飞飞的爸爸妈妈不在身边，因此就加倍疼他，生怕他有一点委屈。"

"奶奶，您这样想就对啦！您最大的愿望就是让飞飞快乐。可是，如果飞飞没有小伙伴一起玩，您说他能快乐吗？"瑶瑶老师问。

"那肯定不快乐啊。"

"是啊，要是没有一起玩的小伙伴，会很孤单。飞飞虽然很聪明，但是脾气太暴躁了，还打小朋友。因此，我们要想办法让他的脾气变好点，这样就有很多好朋友了。而且，您也不用再担心飞飞闯祸，他的爸爸妈妈在外打工也会更加安心了。您认为我说得对吗？"

"对对对，老师说得对，我要听老师的话，飞飞也要听老师的话。"奶奶表态了。

从此，飞飞的爷爷奶奶都能对飞飞严格要求了。飞飞遇到事情不急躁了，脾气变好了，朋友也多了。

与保姆的沟通工作

有一些孩子是由保姆负责照顾生活的，对于这样的保姆家长，教师又该如何沟通呢？

【案例】斌斌的爸爸开了一家大公司，爸爸妈妈每天夜以继日地忙于工作，根本没有时间管孩子，斌斌的吃喝拉撒全由保姆负责，接送孩子也是保姆的事。虽然斌斌家的保姆看上去也很负责任，但她毕竟不是孩子的亲人，在某些方面对孩子的教育是欠缺的。斌斌的老师了解到这些情况之后，主动找到斌斌家的保姆，说斌斌是个好孩子，只是性格上有点霸道，可能跟家庭教育有关，希望斌斌的爸爸妈妈在这方面对孩子的教育注意一些。保姆说斌斌的爸爸妈妈根本没有时间顾及孩子，孩子都是由她负责的。老师顺势苦口婆心地对保姆说："看样子，斌斌的爸爸妈妈对您非常信任，把孩子的所有事情都交给您负责，那么您就可以把斌斌当作自己的孩子一样，应该对他严格教育。"

经过这样的交流之后，保姆对斌斌的教育比之前负责多了，孩子身上的许多不良习惯也慢慢地改掉了。因为这样，斌斌的爸爸妈妈对保姆也更加信任和赞赏。

与敏感型家长的沟通工作

有一些家长特别敏感，常常考虑一些古怪的问题：教师会不会喜欢自己的宝宝？我今天没有跟教师打招呼，教师会不会有意见？今天中午我的宝宝吃不吃得饱？睡不睡得好？我的宝宝会不会受到别的小朋友欺负？遇到这样的家长，教师应该怎样做呢？

【案例】张老师班上就有这样一个家长。玉玉的妈妈经常在幼儿园外面悄悄观察，张老师问她："您有什么事情吗？"她说没什么事。后来，张老师实在忍不住了，一定要问个究竟，她才说出实情，觉得孩子在幼儿园，她有点不放心。张老师诚恳地说："您这种心情，我非常理解，我也是做母亲的，也时刻关心自己的孩子。我知道，百闻不如一见，这样，我们幼儿园有很多义工，您看哪天您有时间来做一天义工，这样您就能更清楚地了解孩子在幼儿园的情况，行吗？"玉玉妈妈求之不得，第二天就来当了一天义工，全面了解了孩子们在幼儿园的情况，了解了每个老师的工作情况。从那以后，她就打消了顾虑，不再担心这担心那的了。因为对幼儿老师的工作有了进一步的了解，体谅了老师工作的辛苦，每到休息时间，她就主动来当义工，而且还加入了家委会，主动为孩子们服务。

与肥胖儿家长的沟通

有些孩子，身体发育超常，过于肥胖，影响了孩子的健康。对于这样的孩子，教师不能听之任之，应本着认真负责的态度跟家长沟通。

【案例】冬冬是个肥胖儿，身高和班上其他小朋友差不多，但体重却超出一大截，走路时气喘吁吁。食欲特别好，感觉总也吃不饱的样子。为这事，王老师专门找到冬冬的妈妈，跟她进行了一次深刻的交流。她说："冬冬现在是典型的肥胖症，如果任由他这样发展下去，后果不堪设想。"王老师建议冬冬的妈妈带孩子去看看医生，听听医生怎么说。冬冬的妈妈听了王老师的话，带孩子去看了医生，医生说的话和王老师说的如出一辙。冬冬的妈妈对王老师非常感激。后来她按照医生说的，对冬冬进行饮食控制，带冬冬锻炼身体。经过一段时间后，冬冬的体重下降了，体质也增强了。

接待其他班级家长的工作策略

有时候，幼儿教师也会遇到意想不到的事。

【案例】李老师是一班的主班老师，青青是二班的小朋友，按道理说，他们之间应该没什么关联。一天，青青的妈妈找到李老师，跟李老师说了很多主班老师的不是，说吴老师工作如何不好，没有李老师负责，还说小朋友们都说李老师好，要求把青青换到李老师班里。李老师耐心地听青青的妈妈说完，笑着说："青青妈妈，谢谢您对我的信任。把青青换到我们班，这个我实在做不到，我也不能接受。这是我们幼儿园的规章制度，任何人不能更改。吴老师是一位非常优秀的老师，您对她一定是有什么误会，回头我帮您了解一下，好吗？"后来，李老师私下跟吴老师了解了青青妈妈要求换班的原因，果然是一个误会。于是，李老师和吴老师主动找到青青的妈妈，把误会讲清楚了。误会彻底解除后，青青的妈妈对吴老师再也没有偏见了，而且成了彼此信任的朋友。

幼儿教师遇到这样的事情时，一定要顾全大局，冷静处理，大事化小，力求取得家长的信任。

第四节　家园共育的经验分享

小班

小班的孩子因为年龄小，懂得的事情少，又刚刚离开家，一时很难适应幼儿园的生活，会遇到许多问题。因此，针对小班幼儿，需要幼儿教师和家长密切配合，灵活解决。

1. 孩子坚持按照自己的想法做

有些孩子有自己的个性，在家喜欢按照自己的想法做，到了幼儿园仍然喜欢按照自己的想法做，遇到这样的孩子，教师应该怎么办呢？

【案例】雅雅是个文静的小女孩，也很有个性。中午在幼儿园午睡时，别的小朋友都是仰躺着睡或者侧身睡，只有她是趴着睡。老师知道这样的睡姿不利于孩子的健康发育。于是老师耐心地跟她说："雅雅，你在家也是这样睡吗？"雅雅点点头。"你看，小朋友们都是仰躺着睡或者侧着睡，咱们也换一种姿势，和他们一样好吗？"雅雅摇摇头。"那么，老师抱着你睡，好吗？"老师把雅雅抱在怀里，雅雅就像在妈妈的怀里一样，很快就睡着了。这时老师轻轻地把雅雅放在床上，让她仰躺着。雅雅一直保持这个睡姿到午休结束。

下午，雅雅的妈妈来接孩子时，老师找到雅雅的妈妈，把孩子睡觉的事跟她讲了，说孩子以前的睡觉习惯不好，趴着睡对孩子的生长发育不利，希望她和老师一起，把雅雅不好的习惯纠正过来。雅雅的妈妈说："老师，谢谢您。我没想到有这么严重。"回家以后，雅雅的妈妈按照老师教的方法，不断对孩子耐心地引导，孩子的睡姿终于纠正过来了。

2. 孩子突发意外时怎么办

孩子年龄小，有时候发生一些意外在所难免。教师要处变不惊，善于应对。

【案例】户外活动时，孩子们玩踢球。突然，小君用力一踢，球蹦到小丽的鼻子上，顿时鲜血直流。小君吓哭了，小丽也吓哭了，其他小朋友都吓得不知所措。刘老师赶紧请搭班的胡老师来照顾这些小朋友，就急急忙忙把小丽送往医院，并第一时间通知家长，家长很快赶到医院。经过医生检查，小丽的鼻子没有大问题，简单处理一下就没事了。刘老师把事情的经过向家长做了详细的解释。家长听完表示十分理解，并且还感谢刘老师处理得当，同时把小丽带回家休息。刘老师回到幼儿园时，胡老师正在向其他小朋友询问事情的经过。同时，胡老师亲切地安慰还在哭泣的小君。然后胡老师告诉小朋友们，以后踢球时一定要小心一点，不要朝别人身上踢。一场风波就这样平息了。

所以，遇到意外时，幼儿教师一定要冷静，要和同事分工协调好，还要争取家长的理解和协助。

3. 孩子不能按时来园怎么办

孩子上幼儿园之后，应该严格遵守幼儿园规定的作息时间，按时来园和离园。可是有些孩子总是不能按时来园。

【案例】郭老师班上的大鹏，一开始常常不能按时来园。大鹏的妈妈对这件事并未引起重视。一天，郭老师找到大鹏的妈妈，告诉她孩子的这个习惯很不好，如果现在不纠正过来，以后上小学也会经常迟到，进而影响孩子的学习。再大些，孩子上班也可能会迟到，会影响孩子的工作。总之，这样的不良习惯会影响孩子的一生。听老师这样一说，大鹏的妈妈才意识到问题的严重性。老师告诉大鹏的妈妈，一定要按照幼儿园的作息时间，在家给孩子也制定作息时间表，每天严格按作息时间执行。大鹏的妈妈按照郭老师的建议，制作了一个作息时间表，并争取全家人的支持。一段时间之后，大鹏不按时到园的习惯纠正过来了。

4. 孩子交往引发了家长矛盾

孩子们在一起相处，难免会有一些矛盾，孩子的矛盾很可能会引发家长的矛盾。

【案例】呱呱是个大个子男孩，还比较强势。有一天中午，他急着上厕所，将站在门边的博睿一推，博睿不小心摔倒在地上，手臂被擦破了皮。小敏老师发现后，进行了及时的处理，给博睿仔细检查了伤口，还抹上了药。小敏老师觉得没有多大事，就没有通知家长。第二天，博睿的妈妈怒气冲冲地跑到了教室，要求呱呱向博睿道歉，还找小敏老师索要呱呱家长的电话，要求呱呱的家长也向博睿道歉。

当即，小敏老师将博睿的妈妈带到办公室，将事情的前因后果跟博睿的妈妈详细解释，并向博睿妈妈道歉："是我的错，是我一时疏忽，让呱呱伤害了博睿。"博睿妈妈一听老师这样说，不那么激动了，马上说："不怪老师，只怪那个孩子和他的家长。"小敏老师见博睿妈妈的情绪渐渐平复下来，又开始苦口婆心地说："小朋友在一起都好动，难免有磕磕碰碰。如果您这次对呱呱和他的家长不依不饶，以后还有哪个小朋友敢和您家的博睿一起玩耍啊？如果没有朋友，博睿会开心吗？"一番话说得博睿妈妈低下了头，她立刻向老师道歉："老师，对不起，是我考虑不周。"接着，老师又拨通了呱呱妈妈的电话，对呱呱的妈妈说清了事情的来龙去脉。呱呱的妈妈连忙向博睿的妈妈道歉，说以后一定要严格教育呱呱，不许他闯祸。博睿的妈妈也向呱呱的妈妈道歉，说自己太冲动，不够大度。

在这个案例中，小敏老师的处理方法很智慧。首先她平复了博睿妈妈不依不饶的情绪，主动承认自己工作上的失误，得到对方的谅解；接着，非常委婉地道出对方这样做的不妥之处，让对方心服口服；最后，又主动联系另一方家长，让其及时道歉，化解了博睿妈妈心里的怨气。

在处理双方家长矛盾的时候，教师要本着公平公正的原则，站在双方孩子成长的角度。这样一切问题都能得到解决，很多矛盾都可以化解。

5. 孩子将幼儿园的玩具带回家

幼儿园的玩具各种各样，五颜六色，很诱人，有时候孩子会悄悄地将玩具带回家。遇到这样的事情，教师应该怎么办呢？

【案例】一天，小枝老师早早来到班上，她在准备孩子们上课要玩的积木。可是，不管她怎么分配，总觉得少了几块。这是怎么回事呢？她没有问孩子们，而是悄悄地去查了监控视频，发现原来是林林把几块积木装进了自己的衣兜里，带回家了。于是小枝老师临时把这节课的内容改为讲故事。她说一个小朋友无意中把幼儿园的玩具带回家了，后来那个小朋友发现了，就把玩具带回了幼儿园，因为他知道这些玩具是属于幼儿园的，是所有小朋友的玩具，不是他一个人的。并且说那个小朋友是个好孩子，还鼓励孩子们给那个小朋友热烈的掌声。说到这里，老师趁机说："我们班的积木也少了几块，可能是哪一个小朋友无意中带回家了。今天回家，大家都找找看，如果找到了，明天带回来，我们也会给这个小朋友热烈的掌声。"

小枝老师私下联系了林林的妈妈，把这件事告诉了她，让她不要夸大这件事，不要对孩子打骂，让林林把玩具带回来就行了。林林的妈妈按照老师说的去做。从那以后，林林再也没有把幼儿园的玩具带回家。

中班

孩子经过一年小班的体验，虽然在各方面已经适应了幼儿园的生活，但仍然有一些问题，需要家长和幼儿教师的密切配合。

1. 孩子胆怯，担心自己做不好

有些孩子特别胆小，总是担心自己什么也做不好。对于这样的孩子教师应该怎么办呢？

【案例】佳佳性格内向，懦弱胆小，很少说话。别的孩子都能高高兴兴上幼儿园了，已是中班的她还时时哭着鼻子来幼儿园。为了能让她适应集体生活，改变懦弱胆小的性格，在幼儿园活动中，小荷老师经常鼓励她，多给她创造成功的机会，增强她的自信心。

小荷老师会请她做小帮手，为小朋友们发蜡笔，把体育用品送还体育室等，以此来树立成功感，增强她的自信心。每当她做完一件事后，小荷老师就笑着鼓励她说："谢谢你，佳佳，你真能干。"

佳佳很聪明，她知道许多事，有时很想告诉大家，但又怕讲错，别人笑话她。一次，小荷老师问小朋友："正月十五是什么节日？"几个孩子高高地举起了手。这时，小荷老师发现佳佳的手在桌边微微动了一下，但看了看那些高举的小手，又迟疑地放了下去。小荷老师立刻请她回答。她涨红了脸，用很轻的声音说："是元宵节。""什么？我们没听见。"小朋友嚷嚷起来。佳佳有些不安了。小荷老师连忙笑着肯定她说："佳佳，你说得很对，可是小朋友没听清楚，你再大声地说一遍，好吗？"老师请小朋友们静静地听。佳佳终于鼓起勇气，响亮地重复了一遍。小朋友们为佳佳的进步鼓起掌来。

现在，佳佳能高高兴兴地上幼儿园了，有时爷爷、奶奶来接她，她还不愿意回家，上课时也能大胆地举手发言。小荷老师说，看见佳佳的进步，非常高兴。

从这个案例中可以知道，如果孩子胆小，教师一定要给予孩子更多的理解和支持。当孩子胆小不敢发言的时候，教师要给予孩子更多的鼓励，更多的表达机会，让孩子能获得成功的喜悦。正如一位教育家所说：让每个孩子都抬起头来走路。这将对他们的一生非常有益。

2. 孩子吃饭慢怎么办

有些孩子吃饭太慢，这个习惯不太好，如果小时候不纠正，长大后就很难纠正。

【案例】宁宁是个女孩，吃饭特别慢，因为她总是边吃边玩。别的小朋友一个小包子三下两下就进了肚子里，她的樱桃小嘴要吃上好几分钟才能吃完。为这事，家人伤透了脑筋，也无计可施。上了幼儿园也一样。一天，老师想了一个办法："宁宁，今天我们来看丁丁是怎么吃饭的，行不行？"宁宁点点头。于是，吃饭铃声响过之后，老师带着宁宁看丁丁吃饭，边看边表扬丁丁："丁丁吃饭的时候，眼睛不看别处，只看着自己的饭碗。丁丁吃饭的时候，口里一直在不停地动，没有吃一口就歇一会儿再吃。"最后，老师对宁宁说："宁宁，你是个好孩子，大家都很喜欢你。今天，我们一起来学丁丁吃饭，好不好？"宁宁吃饭的时候，老师就在旁边看着。这顿饭，宁宁吃得比以前快多了。老师大肆表扬了一番，并且对宁宁提出要求："宁宁今天回家后，也能这样吃饭，对不对啊？"老师也将情况和家长沟通了。晚上吃饭的时候，妈妈也和老师一样要求宁宁。经过这样几次训练之后，宁宁吃饭慢的习惯终于改正过来了。

在吃饭问题上，教师也不能用一把尺子来要求孩子。因为每个孩子都存在差异，饭量有大有小，速度有快有慢。

在孩子的吃饭问题上，教师和家长要注意这几点：不要期望孩子每一顿的饭量一样，应给予孩子一定的自由度；吃饭就必须到餐桌上，吃饭的时候不要将气氛搞得严肃可怕，要营造轻松愉悦的气氛；进餐时要关注孩子的咀嚼能力，咀嚼次数越多越有利于消化，同时咀嚼也是促进儿童智力发展的一个因素；吃饭的时候不要给予过多的建议、提醒和催促。

大班

孩子在幼儿园已经待了两年，对幼儿园的教师和小朋友都熟悉了，对幼儿园的生活已经习惯了，但是经常会有一些棘手的问题让教师和家长伤脑筋。

1. 孩子将别人的玩具据为己有

孩子毕竟是孩子，看见新奇的东西心就痒痒。当孩子将别人的玩具据为己有时，教师应该怎么办呢？

【案例】一天晚上，琪琪的妈妈无意中发现琪琪书包里有一个漂亮的小毛狗玩具，她就知道是琪琪拿了其他小朋友的玩具回家了。但是，不知道琪琪究竟是不小心拿回家了，还是故意拿回家的。想了会儿，她对琪琪说："琪琪，这个小毛狗哪里来的啊？"琪琪一开始没有回答，只是怯生生地摇了摇头。妈妈明白怎么回事了，就对琪琪说："哦，是谁的你知道吗？"琪琪小声说是平平的。妈妈接着说："琪琪，一定是你不小心将这只小毛狗带回家了，是不是？"琪琪如释重负，连连点头。妈妈摸摸孩子的头说："琪琪，明天到幼儿园之后，就还给平平。你明天还给平平之后，妈妈也送你这样一只小毛狗作为奖赏你的礼物，因为你能将别人的玩具还回去。"第二天，琪琪果然将小毛狗还给了平平，妈妈也买了一只同样的小毛狗送给了琪琪。琪琪妈妈将这件事和老师进行了沟通，老师表扬了琪琪，并教给孩子们一句话："我带我的东西回家，别人的东西我不拿。"从那以后，琪琪再也没有拿过别人的东西。

2. 孩子比较敏感怎么办

有些孩子因为家庭等原因，形成了特殊的性格，对某些问题特别敏感。对于这样的孩子，教师应该怎么对待呢？

【案例】自从爸爸妈妈离婚以后，小燕一直跟着妈妈生活，她的性格也变了，不再像以前那样爱说爱笑了。妈妈对此很伤心，常常一个人悄悄地流泪。老师了解到这些情况以后，对她们母女充满了同情，对小燕也格外关注。每当看见别的小朋友的爸爸妈妈一起来接孩子时，小燕的神情就特别忧郁。一天下午，别的小朋友都走了，小燕又是一个人悄悄地坐在教室里等妈妈来接她。老师走到小燕身边，牵着她的手，把她抱进自己的怀里。老师告诉小燕："咱们班的小燕是个好孩子，又乖巧又懂事，老师喜欢你，小朋友们也喜欢你，爸爸妈妈也爱你，你真幸福啊！"听了老师的话，小燕似乎醒悟过来，其实爸爸妈妈都爱她。老师又跟小燕的爸爸联系，让他隔三岔五地来接孩子，让孩子感觉到爸爸妈妈对她的爱并没有改变。渐渐地，小燕又像以前一样爱说爱笑了。

对这些敏感的孩子，教师要细心一点，搞清孩子敏感的原因，内心纠结的到底是什么。在和这些孩子相处的过程中，要对症下药，让孩子感受到来自父母和教师的关爱，从而让孩子彻底打开心结，让笑容重新回到孩子脸上。

第十章

幼小衔接，你准备好了吗

五彩斑斓的幼儿生活就要结束了，对于孩子们来说，小学生活既充满了诱惑，也充满了挑战，如何让孩子从疯玩的幼儿生活顺利过渡到全新的小学生活呢？本章将给大家介绍具体方法。

第一节　幼小衔接，我们轻松面对

孩子从幼儿园即将进入小学，是他们成长中的重大转折。由于小学与幼儿园的学习环境、学习方式有很大区别，不少孩子难以适应小学生活，成为教师口里的"问题儿童"。那么如何让孩子愉快地进入小学，自信独立地面对小学生活呢？教师和家长应该如何做好幼小衔接工作呢？下面将分别从幼儿教师和家长两个角度来谈一谈。

教师应该这样做

1. 确保孩子身心健康

引导孩子加强体育锻炼，参与疾病预防，能身心健康地进入小学。同时，适当延长大班孩子的学习时间，减少游戏时间，逐渐向小学的课堂教学方式过渡。

2. 培养孩子的独立生活能力

通过故事、谈话和社会实践培养孩子的独立意识，增强他们独立解决问题的能力。让孩子知道，成为小学生后，自己能做的事自己做，不会做的事要学着做，遇到困难自己想办法解决。

3. 培养孩子的动手操作能力

在大班的教学中，要求孩子学习有关的常规知识，比如学习整理自己的书包、铅笔盒，爱护保管自己的物品，学会使用橡皮擦、铅笔、削笔器、尺子等一些学习用品。

4. 培养孩子良好的学习习惯

要求家长配合幼儿教师的工作，让孩子养成科学的作息时间，早上上幼儿园不迟到，下午放学后回家，晚上按时睡觉，上幼儿园期间不随便请假。在课堂教学中，慢慢引导孩子学会倾听，学会思考，学会举手回答教师的问题，学会提问，学会表达自己的见解。

5. 帮孩子做好心理准备

在 5 ~ 6 月份的时候，教师可以组织一些"我是小学生"的活动，让孩子增强成为小学生的自豪感。幼儿园和小学加强联系，组织孩子到小学参观，欣赏校园风景，看看大课间活动，甚至还可以感受在食堂进餐、在教室里上课的氛围，让孩子对小学生活产生好奇、向往之情。同时，还可以邀请小学一年级的教师来园活动，让孩子提前体验小学生活。

家长应该这样做

幼小衔接不只是园方和教师的工作，更是家长的工作。家长应该怎么做呢？家长一定要避开幼小衔接认识上的几个误区。

1. 幼小衔接是大班的事吗

幼小衔接是需要从幼儿园阶段开始，一直持续到小学一年级全学年的长期过程。幼小衔接的很多准备工作始终贯穿于整个幼儿阶段，如习惯的养成、性格的形成、能力的提升等。因此，真正做好幼小衔接，绝不能等到幼儿园大班下学期，家长需要从孩子刚刚入园就开始做准备。

2. 幼小衔接就是多学知识吗

幼小衔接，是让孩子从幼儿园顺利过渡到小学的过程。家长不能单纯地认为学习相应的入学知识就行了。家长应该重点关注三点：孩子的生活和学习习惯，孩子各方面能力的提升，孩子的性格和品德的培养。

3. 幼小衔接就是上培训班吗

不少家长认为上小学之前一定要上幼小衔接班。这要因人而异，不是统一标准。有的孩子各方面的能力很强，就不用上衔接班；而有些特殊的孩子，哪怕上了幼小衔接班，依然要家长和教师多费心，才能跟上班级的节奏。家长必须密切关注孩子，对孩子有比较正确的认识，才能决定是否需要上衔接班。从根本上说，上衔接班并非解决幼小衔接的好办法。

4. 幼小衔接是孩子的事情吗

在孩子成长的每一个关键阶段，家长都是最忠实的陪伴者。孩子处于幼小衔接的关键时期，更需要家长的陪伴。家长要时时变化自己的角色，有时是倾听者，有时是"受气筒"，有时是可以出谋划策的导师，有时是循循善诱的长者，而有时又是可以陪孩子尽情玩耍的好朋友……家长在孩子成长的任何一个环节都不能缺席。在幼小衔接的关键时期，家长更要多多观察孩子，多多体恤孩子，多多陪伴孩子，让孩子顺利走过这段特殊时期。

5.幼小衔接就是重视物质准备吗

上了小学后，孩子的角色和任务会有很多变化，环境也不同，接触的同学和教师更是他们所不熟悉的。家长的准备不仅仅是带着孩子去选购他喜欢的衣服、鞋子和学习用品，更要让孩子从心理上准备好"我是小学生啦"！比如，家长可以带孩子到有小学生的朋友家里去做客，了解小学生有哪些变化；可以带他参观附近的小学，了解小学生活；可以给他买一些文字多于图画的书，让他提前感受书本的变化……总之，家长要让孩子有这样的心理：我骄傲，我是小学生了！

各位家长避开认识上的误区后，就能有效地引导孩子了。对于所有的孩子来说，从幼儿园过渡到小学是一个全新的开始，也是人生的一次重大转折。每一个刚进入小学的孩子都需要一段适应期。当然，不同的孩子所经历的时间长短不一样，有些孩子进入小学一个月就能完全适应，而有些孩子可能需要一学期甚至一学年。

虽然教师和家长已经为此做了大量的准备工作，但不是所有的孩子都能顺利过渡。遇到适应能力较弱的孩子，要耐心等待。每一朵花都会盛开，只是每朵花的花期不一样。遇到迟迟不开的花，要付出更多的时间培育，多鼓励、多发现孩子的闪光点，帮孩子平稳过渡。

第二节　孩子入学前，我们必须做好这些事

金秋九月，很多孩子都要告别幼儿园，背着书包走向小学了。这对孩子来说是极大的挑战，因为他们要适应新的环境、新的作息时间、新的一日常规……对家长们来说，也格外不容易，要从以下几个方面提高认识，加强准备。

达成两个共识

为了让孩子们入学后尽快适应小学生活，家长首先要达成两个共识。

1. 孩子成长的过程中，父爱不能缺失

父爱不能缺失，这是对从不参与孩子教育的父亲提出的特别要求。中国的家庭教育有种怪现象：母亲都是虎妈，父亲都是猫爸，即观望者。虎妈事无巨细管理孩子的饮食、起居、学习生活；而父亲最多就是接送孩子，在路上和孩子几乎都没有交流。

钱钟书不仅是一位伟大的作家，还是位充满童趣的父亲。他常常和女儿钱瑗玩游戏。他会把各种玩具藏在被子里，然后让钱瑗来找，女儿找到了会开怀大笑。他们对这样的游戏乐此不疲，陶醉其中。有时候，钱钟书恨不得将脏脏的扫帚藏在女儿的被子里。

各位忙碌的父亲、整日喊累的父亲，都读读这个故事吧，看看伟大的作家是怎么陪女儿长大的。父亲一定要参与孩子的成长，不要等到有一天你有时间陪孩子了，孩子却已经长大了，不需要你陪伴了。

据有关数据显示，父亲陪伴长大的孩子更开朗、更阳光、更有责任感。这是由父亲的特点决定的，父亲一般都比较沉稳独立、自信自主、坚毅勇敢、果断坚强……这些优秀的品质也会影响到子女。

当然，父亲陪伴孩子成长，也要讲究艺术。

【案例】周末和女儿外出玩累了，回家后女儿不肯洗澡就要直接睡觉，父亲就自己洗漱干净，换上整洁的衣服出来和女儿拥抱，然后问女儿："你闻到了什么气味没有？"女儿天真地回答："我闻到了很香很香的味道。"父亲趁机告诉女儿："无论在家里还是外面，我们都应该保持干净整洁，让大家闻到从我们身上散发的香味，感受到我们美好的一面。这样才能受到大家的欢迎。"女儿听了这番话，自己跑到卫生间要去洗澡。

这位父亲很睿智。遇到难题之后，他能以身示范，告诉孩子什么是对的，什么是美好的。在陪伴孩子成长的过程中，一定会遇到这样那样的问题，遇到问题之后，父亲要理智对待问题，不能随便发火，也不要和妈妈一样絮絮叨叨，要采取孩子容易接受的智慧方式。孩子也有自己的思想，要想办法让孩子认识到错误或者"不妥"，让孩子自愿去改正。这样慢慢成长起来的孩子，会有自己独立的人格和思维方式，处理问题的能力较强，也会照顾他人的情绪。

2. 要求孩子做到的，父母一定要先做到

父母在教育子女的时候，通常是"只许州官放火，不许百姓点灯"。

【案例】晚上，孩子拿过妈妈的手机玩游戏，正玩得兴高采烈，爸爸连忙过来制止孩子："宝宝，这样会伤眼睛的，快把手机放下，去玩积木吧。"孩子顺从地放下手机去玩积木了，可是爸爸却一屁股坐在沙发上，拿起手机就开始看朋友圈，而且没完没了。

这就是典型的要求孩子做到的事情，父母自己却没有做到。这种现象屡见不鲜。父母没有做好的榜样，孩子就会陷入迷茫中，到底是听父母的话，还是照着父母的样子去做。所以，很多时候家长不能一味埋怨孩子，而要从自身找原因。

有了这两个共识之后，做好孩子入小学的准备就会事半功倍。

做好两个准备

家长可以好好利用暑假的时间陪孩子做好以下几方面的准备。

1. 养成良好的习惯

（1）按时作息

有的孩子一放暑假就成了夜猫子，晚睡晚起。这样不仅不利于孩子的身体健康，更不利于他们养成良好的生活习惯。

父母一定要做好表率，不管什么日子，是不是上班，都要按时作息。长此以往，孩子就会养成良好的习惯。

（2）锻炼身体

孩子身体弱，适应环境的能力就弱。因此，上小学后，孩子可能一时不能适应小学生活的节奏，会给身体造成很多不适。

暑假期间，家长要多陪孩子锻炼身体，如跳跳绳、慢跑，但一定要注意训练的度，不能过量，否则对孩子的身体会有伤害。

（3）在规定时间内吃完饭

有的孩子吃饭时拖拖拉拉，持续时间特别长。上小学后，时间紧迫，孩子要在规定的进餐时间内吃完饭，不然就会挨饿。因此，家长一定要要求孩子吃饭时专心致志，在 25 分钟内吃好吃饱。

2. 做好其他准备

（1）创造学习环境

在家里为孩子安排一个学习的方寸之地，这里要光线明亮，干净整洁，而且要"闹中取静"，让孩子学习的时候不受干扰。这个地方布置好之后，要问孩子的感受，是不是喜欢，根据孩子的喜好做一些调整。

（2）备好衣帽鞋袜

家长要给孩子准备适合小学生的衣帽鞋袜，原则是大方简洁，适合运动，漂亮而充满童趣。每天孩子都穿得美美的去上学，心情也格外美。这其实也是一种心理暗示：我是小学生了，我的穿着也是小学生的。

（3）安抚孩子心理

为了让孩子增强"我是小学生"的自豪感，开学之前，在家里可以举办一个小小的仪式，即我是小学生了！爸爸妈妈郑重地主持这个仪式，让孩子宣誓：我是小学生了，我要学着长大，我要好好学习。最后，给孩子授予书包，送上礼物。这样会让孩子充满自豪感和责任感。

（4）让孩子对学习有心理准备

学习是不易的。现在的教育都倡导愉快学习，但是学习对大多数人来说，毕竟不是一件只有快乐的事情，因此家长可以提前让孩子认识到，学习并不是简单容易的，有时也伴随困难和艰苦。

最后有必要提醒各位家长一点：并不是明天要上小学了，今天就开始做好各种准备。培养孩子是慢的艺术，是一个漫长的过程，欲速则不达。因此，家长们一定不能急躁，踏踏实实地履行父母的责任，陪孩子慢慢往前走。只要家长们坚持，相信孩子一定会开出最美的花朵。

【作业】与孩子一起制定作息时间表

为了让孩子尽快适应小学生活的节奏，家长可以利用暑假时间，和孩子一起商量并制定作息时间表，让孩子的生活有规律、做事有条理。在制定作息时间的时候，要考虑孩子的年龄特点，将本地小学一年级孩子们的作息时间表作为参考。时间表越细越好，随着孩子年龄的增长，可以将作息时间定得粗一点。

图书在版编目（CIP）数据

家园共育：为孩子的健康成长保驾护航 / 汤美好主编 . －北京：
现代教育出版社，2017.12
ISBN 978-7-5106-5851-8

Ⅰ . ①家… Ⅱ . ①汤… Ⅲ . ①学前教育－教学参考资料 Ⅳ . ① G613

中国版本图书馆 CIP 数据核字（2017）第 292247 号

家园共育：为孩子的健康成长保驾护航

主　　编　汤美好

副 主 编　刘学强　霍春霞

总 策 划　北斗天云

策　　划　张春燕

责任编辑　赵延芹

封面设计　文　武

版式设计　刘兆隆

出版发行　现代教育出版社

地　　址　北京市朝阳区安华里 504 号 E 座

邮　　编　100011

电　　话　010-64246373（编辑部）　010-64256130（发行部）

印　　刷　北京凯达印务有限公司

开　　本　710mm×1000mm 1/16

印　　张　12.5

字　　数　150 千字

版　　次　2018 年 3 月第 1 版

印　　次　2018 年 3 月第 1 次印刷

书　　号　ISBN 978-7-5106-5851-8

定　　价　39.80 元